나는 그곳에서
행복을
만납니다

나는 그곳에서 행복을 만납니다
추억 · 시간 · 의미 · 철학이 담긴 21개의 특별한 삶과 공간

초판 1쇄 펴낸 날 2015년 1월 19일
초판 2쇄 펴낸 날 2015년 6월 10일

지은이   홍상만 · 주우미 · 박산하

펴낸이   백종민
주간   정인회
편집   최새미나 · 정아름 · 김정현 · 이양훈
표지디자인   강찬숙
본문디자인   네오이크
마케팅   서동진 · 박진용 · 최보배
관리   장희정 · 봉미희

펴낸곳   꿈결
등록   2011년 12월 1일(제318-2011-000145호)
주소   서울시 영등포구 당산로 50길 3 꿈을담는빌딩 6층
대표전화   1544-6533
팩스   02) 749-4151
홈페이지   www.ggumtl.co.kr/ggumgyeol
이메일   ggumgyeol@naver.com
블로그   blog.naver.com/ggumgyeol
트위터   twitter.com/ggumgyeol
페이스북   facebook.com/ggumgyeol

ⓒ 홍상만 · 주우미 · 박산하, 2015

ISBN 978-89-98400-41-5 03810

이 도서의 국립중앙도서관 출판예정도서목록(CIP)은
서지정보유통지원시스템 홈페이지(http://seoji.nl.go.kr)와
국가자료공동목록시스템(http://www.nl.go.kr/kolisnet)에서 이용하실 수 있습니다.
(CIP제어번호: CIP2014034718)

이 책은 저작권법에 따라 보호받는 저작물이므로,
저작자와 출판사 양측의 허락 없이는 일부 혹은 전체를 인용하거나 옮겨 실을 수 없습니다.

책값은 뒤표지에 있습니다.
꿈결은 (주)꿈을담는틀의 자매회사입니다.

추억 · 시간 · 의미 · 철학이 담긴 21개의 특별한 삶과 공간

홍상만 · 주우미 · 박산하 지음

나는 그곳에서 행복을 만납니다

꿈결

마음과 꿈, 물건을 나누고
사람, 세상, 자연과 어울리며
시간과 공간, 삶을 잇고
아름다움과 느림을 고집하다

• 작가진의 글

나누고 어울리고 잇고 고집하는
스물한 가지 공간에 대한 이야기

이 책은 2012년 겨울 무렵 홍 작가의 '줄 서는 집'에 대한 아이디어로부터 시작되었다. 처음 시작할 때에는 쉽게 할 수 있는 이야기처럼 느껴졌는데 결국 두 번의 겨울을 거치며 태어났다. 원고가 완성되기까지의 과정이 그리 쉽지 않았다.

사람들이 줄을 서는 곳이되 매출 욕심이 일하는 즐거움을 넘어서지 않기를 바랐으며, 되도록 그들의 인기나 수익이 사람들을 위해 쓰이는 곳을 찾았다. 찾는 사람은 적더라도 줄 서는 곳이 될 만한 잠재 가치를 가지고 있거나, 꼭 그리되었으면 하는 사심이 들어간 곳도 있었다. 우리는 인기가 공익을 해치는 곳은 발굴하지 않았다는 데서 보람을 느끼며, 대기업의 수익이나 스타 업체의 이윤을 보태 주기 위해 영혼을 담지 않았다는 데서 기쁨을 느낀다.

까다로운 선정 과정을 거친 덕분일까. 취재를 하면서 우리는 많은 것을 배웠다. 겸손을 배웠고, 멀리 보는 안목을 배웠다. 풍족함과 관계없이 즐겁게 사는 법을 엿보았고, 세상을 변화시키는 크고 작은 아이디어를 만났다.

이 책에 실린 카쉐어링 기업 〈쏘카〉, 정장 대여 업체 〈열린옷장〉, 공정여행사 〈공감만세〉, 카페 〈프롬나드〉와 〈꿈꾸는 타자기〉는 일을 통해 재능과 이윤을 나눈다. 청소년문화센터 〈신나는애프터센터〉, 게스트하우스 〈쫄깃쎈타〉, 〈동네책방 개똥이네 책놀이터〉, 카페 〈유쾌한 황당〉, 가락본동 어린이집 〈숲반〉, 〈부부농원〉은 어울림을 통해 주변에 반향과 자극을 일으키면서 세상을 조금씩 더 살 만하게 바꾸어 간다. 창덕궁 〈달빛기행〉, 상암 DMC 〈영화창작공간〉, 〈한수풀해녀학교〉, 가마솥 공장 〈안성주물〉, 고려인 야학 〈너머〉는 시대와 시대를 잇고, 문화인과 문화 욕구를 이어 주는 곳이다. 트렌드에 편승하는 것이 미덕인 시대, 장인이 흔치 않은 현대에서도 고집스레 한길을 가는 공방 〈가구장이 박홍구 공방〉과 〈두부공〉, 튀김집 〈요요미〉, 〈만년필연구소〉, 당근 케이크 집 〈하우스 레서피〉 등도 있다.

'줄 서는 집'의 완성된 원고들은 '나는 그곳에서 행복을 만납니다'라는 이름으로 묶였다.

취재 요청을 할 때 "우리 집은 줄을 서지는 않는데요."라며 손사래 치던 곳들이 많았다. 더불어 자신들은 스타가 아니며, 스타가 될 생각도 없음을 밝혔다. 이런 가게나 기업들에게는 '줄'의 의미를 다시 설명해야 했다. 그때 우리가 열심히 설명하던 '줄'의 의미는 '행복'이었던 것 같다. 그들은 쉽게 흔들리고 유혹받는 얄팍한 마음을 접어두고, 돈과 명예와 성공 위에 존재하는 행복을 향해 찬찬히 걸어가는 사람들이다.

일례로, 〈신나는애프터센터〉의 취재에 도움을 주었던 애벌레애칭는 "지자체장이 바뀌면 위탁 운영에서 밀려나는 것 아니에요?"라는 걱정스러운 질문에 "제자리로 돌아가서 하던 일을 계속하면 된다."는 편안한 대답을 내놓았다. 십수 년간 시민단체에서 일해 온 그녀의 말에는 자신의 일과 시민에 대한 단단한 믿음이 있었다. 카쉐어링 기업 〈쏘카〉의 이사 또한 대기업이 카쉐어링 시장에 진출하는 것에 대해 "우리만의 길을 더 열심히 가면 되는 것"이라고 답했다. 그것은 그들만이 만들어 가고 있는 철학에 대한 깊은 신뢰다. 업계의 아웃사이더 취급을 받으며 오랜 세월 가구를 만들어 온 박홍구 씨는 '유행 따라 쉽게 만드는 가구'를 제안하는 유혹에 대해 "반드시 사용자를 닮은 가구여야 한다."라는 간단한 대답을 내놓는다.

이 사람들이 살아가는 방식은 얼마나 심플한가!

대한민국의 상위 1퍼센트가 되겠다고, 혹은 유명해지겠다고 주류에 줄 서기 위해 노력하는 사람들 속에서 이들의 간결한 목표는 얼마나 빛나는가!

여기, 오늘 하루의 매출을 위해서 사는 것이 아니라 사람들의 행복을 위해서 살아가는 사람들의 이야기가 있다. 이 책은 목표 앞에 전전긍긍하는 우리의 조급증을 고쳐 줄지도 모른다. 그럼으로써 우리의 인생을 심플하게 만들어 줄 것이다.

책을 덮으면 한 곳씩 찾아가 보고 싶을지 모른다. 직접 만나서 느끼게 되는 행복의 양은 또 다를 것이다. 정성과 겸손으로 우리를 만나 주었던 스물한 곳의 사람들에게 서문을 빌어 감사를 전한다.

서울시와 마포구에서 만든 장터 〈늘장〉에 입주했던 〈산골처녀 유라씨네〉의 대표가 시골로 내려가는 바람에 〈늘장〉의 빛나는 철학과 박경미 씨의 도농연계운동이 결국 언급되지 못한 점은 안타깝다. 도심 빈 공간에 높은 건물을 세우는 대신 시민들의 경제 활동과 휴식을 지원하는 〈늘장〉 같은 공간이 점점 더 많아지기를 바라며 이렇게나마 마음을 전한다.

세상 사람들과 즐거움을 연대하고, 어울리고, 때로는 수익을 이웃과 나누고, 재능을 나누고, 이어 주겠다는 사명을 지니고 가는 사람들이 있기에 우리의 오늘은 아름답다.

홍상만, 주우미, 박산하 씀

• 추천의 글

몰입해 보자,
모험이 있는 삶에

지난주 세계 사회혁신가들과의 교류를 위해 영국 옥스퍼드로 출장을 다녀왔다. 스콜월드포럼Skoll World Forum 10주년 행사에도 참석했는데, 올해의 화두는 'AMBITION ― fueling opportunity, scaling progress' 즉, 기회와 진보를 이끄는 '열망'에 대한 것이었다. 지난해 그라민뱅크의 설립자 무하마드 유누스가 '세계적 위기를 돌파할 대담한 사회적 상상력'을 제안했던 것과 맥을 잇는 주제어였다. 결국 행복한 세상으로의 변화를 만들어 낼 가장 중요한 원동력은 사회혁신가의 열망에서 비롯된다는 것이다.

바로 이런 일정으로 떠난 런던행 비행기 안에서 《나는 그곳에서 행복을 만납니다》라는 사회혁신가들의 열정적인 이야기들을 만나게 되었다.

이 책은 우선 나와 이웃 간에 이기적인 이해관계가 형성되도록 하던 '경계'를 훌쩍 뛰어넘은 세계 시민의 삶을 소개한다. 필리핀의 계단식 논밭인 바나우에를 함께 돌보는 공정 여행객들의 친구 〈공감만세〉, 이주노동자들의 도시 '국경 없는 마을' 안산에 꾸려진 고려인 야학 〈너머〉, 제주로 귀촌하여 로컬 푸드 당근 케이크를 만드는 〈하우스 레서피〉, 아빠의 마음으로 신선한 식재료의 튀김을 파는 〈요요미〉의 이야기가 그것이다.

또한 제도 교육에서 배우지 못했던 손작업 기술을 습득하며 자립형 인간의 삶에 도전하는 사례도 들려준다. 상수역 부근 수제 자전거 공방을 운영하는 동네 오빠 〈두부공〉, 4대째 가마솥 공장을 이어가는 백 년의 기업 〈안성주물〉, 스킨스쿠버 강사도 입학한다는 제주의 〈한수풀해녀학교〉, 사람과 나무 사이를 잇는 〈가구장이 박홍구 공방〉, 토요일만 여는 〈만년필연구소〉의 이야기는 특히 청년들과 베이비부머 세대가 부러워할 행복한 이야기들이다.

혁신의 열망을 안은 사람들이 세상을 변화시키기 위해서는 혼자만으로 부족할 때가 많다. 따라서 혁신의 주체들이 일상적으로 만나서 서로의 아이디어를 융합하는 과정과 공간이 매우 중요하다. 상암동 디지털미디어센터 안에 자리 잡은 〈영화창작공간〉, 바리스타 청년들의 품격 있는 노동이 보장되는 카페 〈프롬나드〉, 소비자가 직접 필요한 만큼 수확하고 직거래하는 〈부부농원〉, 만화가들이 만든 게스트하우스 〈쫄깃쎈타〉, 동네 작가들을 위한 플랫폼 〈꿈꾸는 타자기〉 등 방문해 보고 싶은 공간들이 가득하다.

아울러 우리는 사람들이 보다 많이, 그리고 보다 이른 나이에 자기 주도적으로 행복을 찾고 누리길 기대하는데, 이런 꼬마 혁신가들의 등장을 가능하게 할 공간들도 소개하고 있다. 가락동 어린이집 〈숲반〉, 성미산 마을의 〈동네책방 개똥이네 책놀이터〉, 은평 〈신나는 애프터센터〉가 그곳이다.

나는 한동안 정치가 세상의 패러다임을 바꾸는 데 핵심이라 생각해 왔다. 이번 지방자치단체 선거에서도 사회적 경제 매니패스토 실천협의회의를 통한 시민사회와 정치 후보자 간의 협력을 돕고 있다. 그런데 돌아보면 우리 생활에서 더 지속적으로 영향을 미치는 것은 경제 영역이다. 즉, 어떠한 가치로 직장 생산 활동을 선택하고 소비하느냐가 우리 자신을 규정하거나 사회의 경제민주화 수준을 변화시키는 데 더 큰 영향을 미친다.

이런 의미에서 서울시를 비롯한 공유 경제 도시를 지향하는 곳에서 운영 중인 카쉐어링 기업 〈쏘카〉, 청년 구직자에게 필요한 정장을 시민 참여로 공유하는 〈열린옷장〉, 신뢰로 운영되는 부암동의 무인 카페 〈유쾌한 황당〉 등은 '많이 소유하고 많이 소비하기 위해 많이 버는 직장만을 선호했던' 삶의 공식을 흔들어 본 귀중한 경험이 아닐까 생각한다.

나는 이런 행복을 꿈꾼다. 마음이 맞는 사람들과 함께 부채 없이 정주할 수 있는 작은 규모의 공유 주택에 살면서, 내 아이들의 독립은 청년 주거협동조합을 통해 준비할 수 있기를 바란다. 이웃과 함께 집에서 10분 거리에 생태 농장을 만들어 마을의 아이들을 위한 놀이터이자 농장어린이집으로 개방하고, 주말이면 찾아오는 청년 문화예술가의 소공연에 소박한 집밥과 농작물로 공연비를 지불하고자 한다. 건강 문제는 보건의료사회적협동조합의 조합원이어서 걱정 없이 노후를 맞길 바란다.

《나는 그곳에서 행복을 만납니다》의 주인공들이 더 담대한 도전을 계속하고, 사회적 경제 조직들이 활성화된다면 내 미래의 행복도 실현 가능해질 것이다.

서울특별시 사회적경제지원센터 이은애 센터장

나는 그곳에서 행복을 만납니다

차례 contents

담당작가_ ■홍상만 ■주우미 ■박산하

작가진의 글
나누고 어울리고 잇고 고집하는 스물한 가지 공간에 대한 이야기 • 6

추천의 글
몰입해 보자, 모험이 있는 삶에 • 10

1. 나누다 _제자리로 돌아가는 것들

- 이런 여행 어떠세요? · 공정여행사 〈공감만세〉• 20
- 책과 책 사이 꿈이 익어 가는 시간 · 글쓰는 북카페 〈꿈꾸는 타자기〉• 32
- 정장에 행운을 달아 드립니다 · 정장 공유 서비스 〈열린옷장〉• 46
- 커피 향 청춘 · 카페 〈프롬나드〉• 58
- 나눠 쓰는 즐거움 · 카쉐어링 기업 〈쏘카〉• 70

2. 어울리다 _오늘 하루가 아름다운 이유

- 작은 상자 속 골라잡는 재미 · 무인카페 〈유쾌한 황당〉• 84
- 내 목소리가 들리나요? · 은평구 청소년문화의 집 〈신나는애프터센터〉• 96
- 숲의 아이들 · 가락본동 어린이집 〈숲반〉• 108
- 너무 무르지도 단단하지도 않은 재미 · 제주도 게스트하우스 〈쫄깃쎈타〉• 122
- 책과 놀이와 공동체 · 서점 〈동네책방 개똥이네 책놀이터〉• 136
- 도시 곁에서 고향이 되어 주는 곳 · 관광농원 〈부부농원〉• 148

나는 그곳에서 행복을 만납니다

3. 잇다 _어제 시작된 내일

- 역사 속을 걷는 밤의 산책 · 고궁의 밤 나들이 〈창덕궁 달빛기행〉•162
- 한국 영화의 인큐베이터 · 상암 DMC 〈영화창작공간〉•176
- 이어져야 하는 숨비소리 · 해녀와 해남을 키우는 〈한수풀해녀학교〉•188
- 나와 같은 당신들과의 행복한 동행 · 고려인 야학 〈너머〉•202

4. 고집하다 _세상에 이런 사람 하나쯤은 있어야겠지

- 단골이 없는 집 · 가마솥 공장 〈안성주물〉•218
- 가구 한 그루 심어드립니다 · 가구 공방 〈가구장이 박흥구 공방〉•234
- 네가 가진 만큼만 즐겨라 · 자전거 공방 〈두부공〉•248
- 착한 가게의 바삭바삭한 꿈 · 분식점 〈요요미〉•260
- 따뜻한 아날로그 공간 · 만년필 병원 〈만년필연구소〉•272
- 건강해지는 맛, 삶을 담은 케이크 · 당근 케이크 집 〈하우스 레서피〉•284

"나누다"
distribution

이런 여행 어떠세요?
책과 책 사이 꿈이 익어 가는 시간
정장에 행운을 달아 드립니다
커피 향 청춘
나눠 쓰는 즐거움

공정여행사 **공감만세**
글쓰는 북카페 **꿈꾸는 타자기**
정장 공유 서비스 **열린옷장**
카페 **프롬나드**
카쉐어링 기업 **쏘카**

제자리로 돌아가는 것들

이런 여행
어떠세요?

공정여행사 **공감만세**

라디오를 듣던 중,
한 여행사 대표의 인터뷰가 나오는데 좀 황당했다.
필리핀 여행 가서 그곳의 논둑을 쌓고 돌아온다는 이야기.
'아니, 내 돈 내고 여행 가서 그걸 왜?'
하는 단순한 궁금함으로부터
공정 여행에 대한 취재는 시작되었다.

뒷맛이 씁쓸했던 지난 여행들이여

특급 호텔에서 조식 뷔페를 먹고, 코끼리 등에 타고 공원 한 바퀴를 돌고, 라텍스 베개와 가오리 지갑을 산다. 골프를 치고, 한국에서 먹기 힘든 희한한 보양식을 먹고, 마사지를 받은 뒤 면세 쇼핑을 하고 돌아온다. 태국을 찾는 여행자들의 80퍼센트 이상이 비슷비슷한 내용의 패키지여행을 찾던 시기가 불과 몇 년 전이다.

나도 비슷한 여행을 해 봤다. 야근이 거듭되는 직장 생활을 하던 시절, 꼼꼼하게 여행을 준비할 여유가 없었는데 휴가는 감질나게 짧았다. 그렇다고 휴가비를 넉넉히 받는 것도 아니었으니 패키지여행만큼 편리한 것이 없었다. 우리나라의 직장 문화가 여행 문화에 영향을 끼친 요인 중 하나라고도 생각해 본다. 그런 여행에서 돌아오면 뒷맛이 씁쓸했다. 아마 완전히 소비에만 기댄 여행이었기 때문이었을 것이다. 그러니 잘 쉬는 것이 곧 소비를 뜻하는 것은 아닐 터였다.

이런 생각에서 새로운 여행에 대한 수요가 시작되었을 것이다. 2007년 즈음 자유 여행이 패키지여행의 비율을 넘어서더니 2012년 성수기의 자유 여행 수요는 전년 동시점 대비 7월 31퍼센트, 8월 24퍼센트 증가했다고 한다.^{2012년 7월, 하나투어 고객 선호도 조사}

스스로 자신만의 스케줄을 짜는 자유 여행 말고도 우리가 여행을 하며 느꼈던 씁쓸함을 걸러내고자 하는 새로운 여행 방식이 있으니 그것이 바로 공정 여행이다. 나는 공정 여행을 기획하는 몇몇 여행사 중에 대전에 있는 〈공감만세〉^{대표 고두환}를 찾았다.

내 발걸음에 책임을

여행자는 여행지를 변화시킨다. 고요하고 깨끗했던 비경을 몇 년 뒤 다시 찾았을 때 온통 상업 시설로 뒤덮여 실망했던 경험을 한 적이 있을 것이다.

필리핀의 이푸가오 족이 만든 계단식 논 '바나우에'는 논을 모두 연결하면 지구 반 바퀴 거리가 되는 엄청난 규모로 유명한 곳이다. 유네스코가 지정하는 세계문화유산에 등재되면서 이곳을 찾는 관광객이 늘기 시작해 지금은 연간 10만 명이 찾는 관광지가 되었다. 이푸가오 족은 그 숫자가 몇 만 명 정도에 불과한 소수 민족이지만, 그들이 사는 곳은 필리핀에 단 두 개밖에 없는 자치주 중 하나이며 그들만의 고유한 언어와 행정 체계를 갖추고 있다. 스페인과 미국의 4백여 년에 걸친 식민지 시절을 거치면서도, 필리핀에 독재 정권이 들어서 거의 모든 사회 구조가 파괴될 때에도 그들은 2천여 년 동안 이어 온 생활 터전과 문화를 단단히 지켰다. 그러나 관광지가 된 지 단 2십여 년 만에 계단식 논의 70퍼센트 이상이 파괴되었다. 단지 바나우에뿐이겠는가?

 잠시 쉬어 가고자 했을 뿐인 나의 휴가가 나도 모르는 사이에 어떤 곳을 파괴하고 있을지 모른다고 생각하면 무섭고 미안한 일이다. 공정 여행을 기획하는 〈공감만세〉는 누군가의 삶이나 삶의 터전을 파괴하지 않는 여행을 추구한다. 이산화탄소를 배출하는 차량이 쉴 새 없이 오가고, 길을 파괴하고, 주민들에게 위화감을 주는 여행은 지양한다. 그래서 바나우에 여행 스케줄에는 무너진 논둑을 쌓는 코스가 포함되어 있다. 여행을 통해 봉사를 하겠다는 것이 아니다. 그곳에서 며칠을 지냈을 경우 차량 한 대가 논둑길에 미치는 영향 등을 계산해서 최소한의 복구 활동을 하는 것이다. 이러한 활동은 그곳을 찾는 발걸음에 대한 최소한의 책임이자 예의다.

 이푸가오 아이들이 다니는 학교에 가서 참여 수업을 하기도 한다. 이 또한 아이들을 가르치는 봉사 활동이 아니다. 그 지역 사람들과 직접 대화를 나누고 생활에 공감하는 하나의 활동이자 놀이다.

 우리나라의 한 초등학교 학생들에게 '할아버지를 제외한 60대 이상의 대상과 대화한 적이 있는가?'라는 질문을 했을 때 '그렇다'라고 대답한 아이들이 거의 없었다고 한다. 다른 세대들과도 마찬가지다.

▲ 세계문화유산에 등재된 필리핀 이푸가오 족의 계단식 논, 바나우에

폐쇄적인 문화에서는 세대 간, 집단 간 교류가 적을 수밖에 없다. 기껏 나라 밖까지 여행을 가서도 국내에서와 마찬가지로 아무와도 교류하지 못하고 돌아오는 일이 허다하다. 다양한 삶, 나와는 다른 모습으로 살아가는 사람들과 만나지 못하는 이가 얼마나 사람과의 관계를 잘 만들어 갈 수 있을까? 이런 관점에서 현지인들과 함께 무너진 둑을 쌓거나 학교에서 아이들과 노는 것은 여행자와 원주민이 서로의 자원을 주고받는 소통이자 교류일지 모른다.

〈공감만세〉가 계속하는 고민은 이 여행으로 지역 주민이 어떤 이익을 누릴 수 있는가 하는 것이다. 그래서 수익이 본국이나 지역 외의 본사로 빠져나가는 다국적 프랜차이즈 기업이 아닌, 공공 기관이나 현지인이 운영하는 숙소와 시설을 이용하는 것이 원칙이다. 지역 주민들을 고용하고 지역에 세금을 내는 기업, 유스호스텔이나 수련 시설 등의 공공기관이나 공기업이 운영하는 시설, 시민 단체나 국제기구 등에서 운영하는 시설을 선호한다. 민박, 홈스테이, 팜스테이 등 지역 주민들이 적극 개입하고 있는 프로그램을 주로 활용한다.

태어나자마자 정수리의 신경이 끊긴 채 사육된 코끼리의 등을 타는 프로그램 대신 코끼리 보호센터를 방문하기도 한다. 공정 무역을 기조로 하는 쇼핑센터에서 쇼핑도 가능하다. 이렇게 발생하는 여행사 수익의 90퍼센트는 현지에 환원하는 것이 원칙이다[4년간 운영한 결과물로 필리핀과 태국에 도서관 두 곳, 공부방 두 곳을 운영하고 있다]. 이런 이유로 여행 프로그램을 개발하는 데에는 반년 이상의 시간이 걸린다. 공익, 지역의 이익에 기여하는 프로그램을 만들기 위해서 열 번의 답사와 열 번의 컨

◀▲
현지인들과 함께
무너진 둑을 쌓거나
학교에서 참여 수업을 하는 것은
봉사가 아니라
하나의 활동이자 놀이다.

소시엄, 백 번의 회의를 한다는 그들만의 기준이 있다.

우리의 여행이 현지인의 삶을 바꾼다

서울의 북촌은 관광 코스로 유명해지면서 시끄러워지고 쓰레기가 쌓이는 것은 물론 생활 서비스 위주의 점포들이 관광 위주의 인프라로 바뀌었다. 세탁소가 사라지고 슈퍼마켓과 쌀가게가 사라졌다. 정작 원주민들이 생활하기에 어려운 동네가 되어 버린 것이다.

여행지, 그 안에 살고 있는 사람이 행복해야 한다는 것이 〈공감만세〉의 기조다. 이런 맥락에서 〈공감만세〉는 한국인들의 여행 변화가 태국 사람들, 필리핀 사람들의 삶을 바꿀 수 있다고 단언한다. 필리핀을 방문하는 한국인 관광객이 1년에 1백만 명을 넘어서고 있다. 한국인의 여행 문화가 필리핀의 경제와 문화에 지대한 영향을 끼치고 있다는 사실은 두말할 필요가 없다. 그러니 다른 곳은 몰라도 필리핀과 태국 여행만큼은 한국인들이 아름다운 여행을 해야 한다고 생각한다. 그것이 바로 〈공감만세〉

가 이 두 나라의 여행 프로그램에 집중하는 이유다.

  국적 불문 고급 호텔에서 먹고 자고 소비하는 여행이 아니라 길을 걷고, 내가 걸은 길에 책임을 지고, 그곳에서 살아가는 사람들의 삶의 터전이 그대로 간직될 수 있도록 도와주는 것. 그런 여행은 돌아와서도 달콤한 뒷맛을 남길 것이다. 그래야 십 년, 이십 년이 지나 다시 찾아도 감동적이었던 그 모습 그대로를 감상할 수 있을 것이다.

대전광역시 중구 중앙로 130번길 41 3층
042-335-3600
www.fairtravelkorea.com

책과 책 사이,
꿈이 익어 가는 시간

글쓰는 북카페 **꿈꾸는 타자기**

생각해 보면 모든 사람은 무언가를 만든다.
누군가는 문장을 만들고, 누군가는 멜로디를 만들고,
누군가는 숫자를, 누군가는 하나로서의 개인을 만들기도 한다.
이곳은 뭔가를 만드는 사람이라면
더 환영하는 공간이다.

때로는 한적하고, 때로는 부산한

카페 〈꿈꾸는 타자기〉의 주인장 강섭 씨^{이하 꿈타장}는 행복해지려고 열심인 사람이다. 오후 햇살이 가만히 내려앉은 시간이면 밀가루를 반죽하고 과일을 졸이며 마음을 차분히 가라앉히는 음악을 정성껏 고른다. 천천히, 꼼꼼히 손님을 기다리는 시간이다.

오밀조밀하게 꾸며 놓은 카페의 벽엔 대형 책장이 자리한다. 이곳에 꽂혀 있는 책들의 목록을 훑어보면 이름만 그럴싸한 북카페가 아니라는 것을 단박에 알 수 있다. 책을 많이 읽는 사람보다는 책을 좋아하는 사람에게 더 다가서고 싶은 개인적인 취향이 느껴진다. 책 자체를 좋아하는 꿈타장은 꼭 그런 사람이다. 그리고 폴 오스터의 책 《빵 굽는 타자기》를 메뉴판으로 쓰는 것만 봐도 무언가를 쓰는 것

자체에 애착이 있다는 것을 알 수 있다.

　이곳의 한낮은 느릿느릿 지나가는 것 같다가도 오후나 주말에는 사람들의 발자국이 늘어난다. 주말에는 일찍 가서 자리를 잡지 않으면 들어가지도 못하고 돌아가는 경우가 많다. 그들을 보면 이 빡빡한 도시 속 서로 얼굴 마주 보고 책을 읽거나, 혼자만의 생각에 잠길 공간이 참 없어 보인다. 그렇게 동네 카페들은 자기만의 영역을 구축하기 위해 하나둘 모여드는 손님들로 북적인다. 여기 〈꿈꾸는 타자기〉 또한 특유의 분위기와 콘셉트 덕분에 사람들로 붐빈다. 꿈타장이 자신의 꿈과 진심을 다해 만든 공간이기 때문에 더욱 그렇다. 손님들로 빼곡할 때도 편안함과 포근함 속에 스며 있는 '고요'만큼은 방해를 받지 않는다.

오래도록 머물고 싶은 카페

"개인적으로 동네 작가 발굴 프로젝트를 구상하면서 '당신의 창조성을 응원합니다'라는 콘셉트로 카페 공간을 만들었어요. 누구나 자기 책을 쓰고 싶어 하는 욕망이 숨어 있는데 그 욕망을 살살 간질여 주는 깃털이 되어 보자 했죠."

　2009년 11월, 서울 강북구 미아삼거리역 대형 백화점 건너편에 오픈한 〈꿈꾸는 타자기〉는 2년 뒤에 작은 골목 사이로 자리를 옮겨 시즌 2를 맞이했다. 큰 도로에서 벗어나 조붓한 골목 사이 2층 양옥집에 위치한 카페는 훨씬 한적하고 따뜻해 보였다. 카페의 이름처럼 이곳은 홀로 책에 둘러싸인 채 글을 끼적이며 오랫동안 머물다 갈 수 있는 공간이다.

하지만 글을 쓰는 사람이 거의 없다는 사실을 깨달은 것은 문을 연 지 며칠 지나지 않아서였다. 글을 쓰는 사람보다는 토익을 공부하거나 리포트 쓰기에 바쁜 손님들만 가득했다. 그래서 지금은 처음 콘셉트를 포기한 채 동네 북카페로 소박하게 자리 잡고 있다. 하지만 국문과를 졸업하고 기자 생활을 하다 카페 주인장이 된 꿈타장의 꿈은 여전히 진행 중이다.

편한 의자, 조용한 음악 등을 갖춘 카페에는 스터디족들이 모여들기 마련이다. 〈꿈꾸는 타자기〉도 피할 수 없었다. 수익 문제 때문에 허덕이기도 했지만 지금은 오히려 담담하다.

"사회가 만들어 놓은 취업난에 시달리는 손님들을 보고 있으면 참 묘한 기분이 들곤 해요. 모두 자기가 하고 싶은 공부도 있고 꿈도 다를 텐데 다들 펴 놓은 책들이 엇비슷해서 안타깝기도 하고요. 서로 기본적인 예의는 지켜 주길 바랄 뿐이에요."

그래서 〈꿈꾸는 타자기〉의 원칙은 1인 1메뉴 주문, 주말에는 4시간이란 이용 제한 시간을 둔다. 하지만 꿈타장은 누구라도 오랫동안 자기만의 시간을 보내길 원한다.

책에서 행복을 찾다

꿈타장의 처음 의도처럼 이곳은 책을 읽고 글을 쓰기에 완벽한 공간이다. 4천여 권의 책이 2단 책장에 빼곡하게 꽂혀 있고, 노트북이나 글을 쓸 수 있는 도구를 무상으로 빌려 준다.

이곳의 책 목록은 주인장 마음대로다. 아니, 손님들 모두에게 추천하고 싶은 책들로 채워진다. 손님들이 자주 볼 것 같은 만화책이나 에세이, 소설 등의 베스트셀러를 구입하기도 하지만 인문사회학, 철학 분야의 무거운 책들도 많다. 또 쿠폰 도장 열 개를 채우면 여타의 카페처럼 음료를 무료로 제공하는 동시에 책을 빌릴 수 있는 자격도 주어진다. 동네 작은 도서관을 겸하고 있는 셈이다. 반납이 잘 되지 않는 경우도 있지만 개의치 않는다.

"꾸준히 계속 빌려 가는 고정 손님들이 있어서 그분들을 위해서라도 좋은 책을 신중하게 골라 들여놓고 싶어요."

그의 책 사랑은 팟캐스트 〈유혹하는 책읽기〉를 통해서도 엿볼 수 있다. 마음에 와 닿은 책을 한 권씩 선정해 시간이 날 때마다 진행하고 있는 방송이다. 평소 카페에서는 묵묵하게만 보였던 꿈타장이 이 방송에서는 나긋한 목소리로 책을 읽어 주기도 하고 가벼운 농담으로 웃음꽃을 피우기도 한다. 공중파 방송은 아니지만 팬도 꽤 있다. 미국에서 휴가차 한국에 왔을 때 굳이 〈꿈꾸는 타자기〉를 찾아와 준 이들이나 응원의 메시지를 잊지 않고 보내오는 청취자들을 위해서라도 꾸준히 방송을 이어 가게 된다. 이 방송을 들으면 책의 편식을 줄일 수 있고 궁금한 마음에 그가 추천한 책을 꼭 한번 읽고 싶어진다.

〈꿈꾸는 타자기〉에서는 착한 일을 쉽게 할 수 있다. 음료 리필 비

용, 책 대여 연체료, 특별 음료 값 등으로 받는 금액을 모아서 성가복지병원, 굿네이버스, 민들레국수집, 쌍용자동차 해고노동자를 위한 와락센터 등에 꾸준히 기부하고 있다. 2013년에만 190여만 원을 기부했다. 〈꿈꾸는 타자기〉의 기부는 단지 생색용이 아니다.

"이런 일이 칭찬받을 일은 아닌 것 같아요. 일종의 사회적 보험이라는 생각이에요. 저도 언젠가 그런 도움이 필요할지도 모르니까요."

책으로 둘러싸여 있는 이곳의 기부는 '나도 모르게' 이루어진다는 점이 특징이다. 책의 방향으로 흘러가는 생각들이 사회의 나눔을 실천하게 하는지도 모른다.

홈메이드를 고집하는 이유

이곳은 베이커리가 아닌데도 잼 졸이는 냄새와 빵 굽는 냄새가 퍼진다. 꿈타장이 홈메이드를 고집하는 데는 이유가 있다. 동생이 암에 걸려서 오랫동안 투병을 한 적이 있었는데, 그때 간호를 하면서 무엇보다 음식이 중요하단 걸 알게 되었단다. 특히 식품 첨가물이 얼마나 몸에 해로운지 깨닫고 난 이후에는 소스 하나라도 직접 만들게 되었다. 그렇게 카페의 거의 모든 메뉴를 홈메이드로 채우기까지 무려 4년이란 시간이 걸렸다.

그가 만든 건강식 팥빙수의 레시피는 이렇다. 팥을 잘 골라 씻고 3~4시간 거품을 걷어내면서 뭉근하게 끓인다. 연유는 우유에 설탕 조금과 바닐라빈 껍질 하나를 넣고 2~3시간 우유 막을 걷어내면서

▲ 〈꿈꾸는 타지기〉의 주인장 강섬 씨

▶ 귀엽고 앙증맞은 기부함

끓인다. 꽝꽝 얼려 놓은 우유 얼음을 갈고, 그 위에 팥과 연유를 올린다. 이게 끝이 아니다. 직접 만든 아이스크림 한 덩이를 올리고, 견과류와 건과일을 올리브유와 메이플 시럽 등으로 버무려 오븐에 구운 그래놀라를 듬뿍 올리면 완성이다. 수박 빙수는 블루베리를 졸여 만든 블루베리 콤포트가 핵심이다. 통조림표 팥빙수 맛에 길들여져 있다면 약간은 부족할 수 있겠지만 그야말로 건강을 우선시하는 맛이다. '모든 메뉴는 좋은 재료로 직접 만들어 2퍼센트 부족한 맛이니 입맛에 맞지 않으시면 꼭 말씀해 주세요'라는 메모를 보니 더욱 믿음이 간다.

"하나의 메뉴가 우리 가게의 것이 되기까지 긴 시간이 걸린다는 걸 알게 돼요. '이 맛이야!'라고 저 혼자 감탄하더라도 정작 손님에게는 다르게 다가갈 수 있거든요."

그는 따로 음식 만드는 법을 배

운 적이 없다. 원칙은 첫 개시한 메뉴가 세 번 이상 남겨져 돌아오면 조금씩 변화를 주면서 손님들의 입맛에 맞추는 것. 그렇게 백 번 이상 만들어 보고 제 몸에 조리법이 자연스럽게 스며들 때 비로소 맛이 난다는 것을 깨닫게 되었다.

   그의 가장 가까운 꿈은 꾸준히 카페를 운영해 나가는 것이다. 그 다음은 카페 안에 쌓아 둔 책을 모두 읽고, 최종적으로 자신의 글을 쓰는 것이다. 바라는 것이 한 가지 더 있다면, 카페에서 《해리포터》 시리즈를 써 성공한 조앤 K. 롤링 같은 훌륭한 작가가 〈꿈꾸는 타자기〉에서 탄생하는 것이다.

서울시 강북구 솔샘로68길 16 2층
02-988-4862
blog.naver.com/coffeesoul

정장에
행운을 달아 드립니다

정장 공유 서비스 **열린옷장**

"어! 이런 옷이 있었네."
옷장 속에 잠들어 있던 정장 한 벌.
다시 입으려니 작아졌고,
누군가에게 주려니 꼭 맞는 사람이 있을까 싶다.
이럴 땐 〈열린옷장〉이 활짝 열려 있다.
내게 넘치는 것을 꼭 필요한 사람들이 나눠 쓸 수 있는
착한 나눔의 공간이다.

따뜻한 교감과 응원이 담긴 옷 한 벌

첫 면접. 무척 긴장했던 기억이 떠오른다. 갑작스럽게 잡힌 일정 때문에 변변한 옷도 마련하지 못한 채 면접장으로 향했다. 유행 지난 정장 치마가 유난히 거슬렸고, 구두에선 심하게 또각또각 소리가 났다. 긴장한 탓인지 역시 불합격. 그 후 면접에서 '자신감'이 얼마나 중요한지 깨닫게 되었다. 물론 잘 차려입은 옷도 자신감을 이루는 하나지만 무엇보다 누군가의 응원과 조언이 어깨 축 쳐진 취업 준비생에게 정말로 필요하단 걸 알게 되었다.

　잘 입지 않는 옷을 기증받고 그 옷을 면접자들에게 빌려 준다는 〈열린옷장〉은 단지 옷만 대여해 주는 곳이 아니다. 줄지어 있는 정장 한 벌 한 벌마다 응원 메시지가 담겨 있고, 옷을 기증하는 사람과

옷을 빌리는 사람 사이에 따뜻한 교감이 오간다.

저녁이 되면 직원들은 탁자에 빙 둘러앉는다. 〈열린옷장〉만의 결산을 위해서다. 일반 정장 대여점이라면 오늘 하루 몇 명의 대여자가 왔고 얼마의 대여비가 들어왔는지 계산하게 될 터. 하지만 〈열린옷장〉은 '오늘의 수익'이 아닌 '오늘의 편지'를 결산한다. 기증자가 보낸 옷에 담긴 사연, 대여자가 보낸 감사의 편지 등을 직원들은 읽고 또 읽는다. 차곡차곡 모아진 손편지가 〈열린옷장〉의 진짜 자산이라고 생각하기 때문이다.

사연 담은 정장

"무료하게 회사를 다니다 '더 재미있게 살자'라고 생각했어요."

3년 전만 해도 김소령 공동대표는 광고회사 크리에이티브 디렉터였다. 그러다 희망제작소에서 운영한 '소셜디자이너 스쿨'을 다니게 되었고, 그곳에서 낸 작은 아이디어가 인생의 전환점이 되었다. '정장은 중요한 날 몇 번 입을 텐데 이걸 대여해 주는 시스템은 어떨까?'라고 생각했고, 이는 아이디어 공모전인 수원시민 창안대회에서 TOP 5 안에 들게 되었다. 어렴풋했던 아이디어의 가능성을 확신했다. 그리고 아무 자본이 없는 상태에서 덜컥 〈열린옷장〉을 열었다.

"뭐가 필요하면 그때그때 해결했어요. 공간이 필요하면 기증을 받아 보자, 옷이 없으면 후원을 받아 보자, 생각했는데 운이 좋았는지 도움을 많이 받게 되었어요."

◀▲
화사한 노란색 문을
열고 들어가면
'꿈'을 만날 수 있다.
취업 준비생들도 반하고 마는
즐거운 회사 〈열린옷장〉

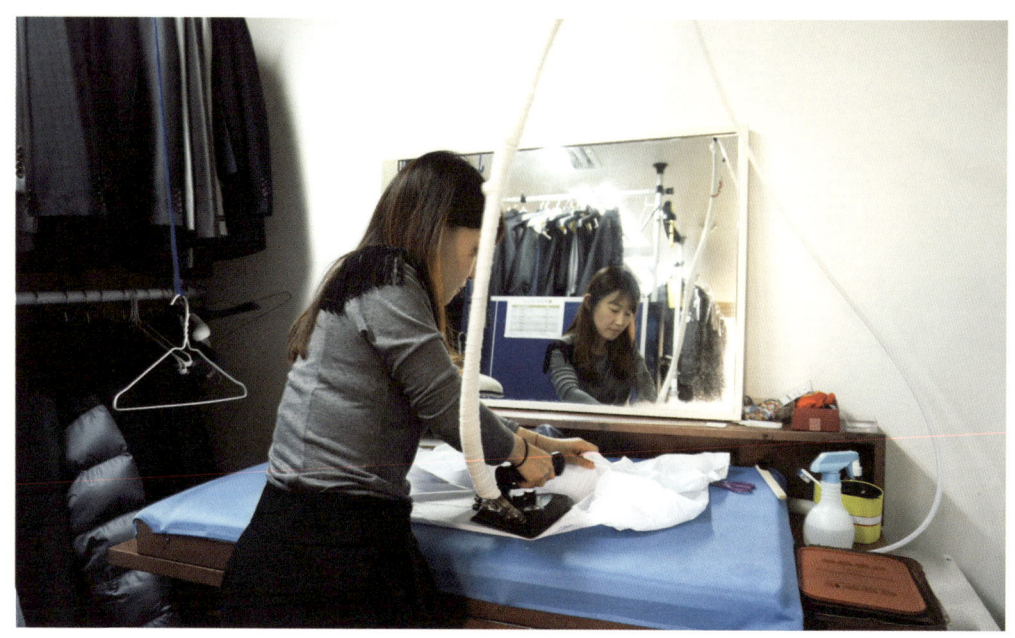

▲
세탁소 시스템을 고스란히 옮겨 놓은 듯한 사무실. 다림질 자원 봉사자는 늘 환영!

〈열린옷장〉은 정장이 필요한 이들에게 3박 4일 정도의 기간 동안 한 벌을 저렴한 비용[2만 원]으로 대여해 주는 곳이다. 급하게 정장을 입을 일이 생겼는데 선뜻 고가의 옷을 구입하기 힘든 이들에게는 오아시스 같은 공간이다. 고객은 면접을 준비하는 이들이 가장 많고 결혼식, 연주회, 집안 행사, 졸업식 등 중요한 자리에 참석해야 하는 이들도 더러 있다.

대부분의 옷은 기증받은 것들이다. 옷장 한 구석에서 잠들어 있는 정장을 이곳에 보내면 전문 디자이너의 손을 거쳐 세련된 모습으로 다시 태어나고, 세탁소나 직원들의 손을 거쳐 깨끗하게 변신한다. 하루에 셔츠만 평균 50벌 다리고 1,825번 다림질을 한다. 새 옷은 아니지만 절대 질이 떨어지지 않는다. 너무 허름하거나 유행이 지난 옷은 또 다른 기증센터에 보내져 재활용된다.

현재 〈열린옷장〉에 있는 아이템은 1,500여 점. 정장은 물론 셔츠, 넥타이, 구두, 벨트, 핸드백 등도 포함된다. 또 여러 기업의 물품 후원은 든든한 힘이 되고 있다. 법무법인 태평양과 재단법인 동천에서 정장 1백여 벌을 한꺼번에 후원받기도 했다. (주)M.O.V, 바비브라운, PMC PRODUCTION, 발렌시아 등의 기업에서도 꾸준히 도움을 주고 있다. 무엇보다 번거로운 옷장 정리를 통해 잠들어 있던 정장을 꺼내 보내 주는 소중한 개인 후원자들이 많다.

사람과 사람이 소통하는 공간

〈열린옷장〉은 단지 옷을 빌려 주고 기증받는 곳이 아니다. 옷을 기증하는 사람도 옷을 빌리는 사람도 작은 메모를 통해 서로의 마음을 공유한다.

"면접을 준비하는 청년은 사회 선배인 기증자로부터 힘을 얻을 수 있고, 기증자는 후배의 작은 감사 인사로 사회생활의 초심을 생각하게 돼요."

자신이 맡긴 옷이 어떻게 되는지, 좀 더 명확하게 타깃팅을 하기 때문에 기증의 가치와 의미가 훨씬 구체화된다.

실제로 면접 볼 때 머리를 어떻게 하고 자세는 어떻게 하면 좋을지 세세하게 적혀 있는 편지도 있고, 아빠의 정장을 맡기는 고등학생은 '형아, 힘내!'라며 귀여운 사연을 보내기도 한다. 수없이 면접에서 떨어졌지만 지금은 번듯한 직장에 다닌다는 응원의 메시지가 가장 많은 편이다.

'직장생활 12년차입니다. 저도 백 번 넘게 서류를 내고 떨어졌었답니다. 희망을 잃지 마시고 도전하세요!'

'갑자기 면접 통보를 받았는데 한 벌뿐인 정장이 작아져서 걱정했습니다. 다행히 이곳에서 빌린 정장이 저한테 꼭 맞아 기분 좋게 면접을 볼 수 있었어요. 나중에 취업을 하게 되면 누군가를 위해 정장을 기증하겠습니다.'

'제가 첫 출근을 하던 날 입었던 옷입니다. 설렘과 기분 좋은 에너지를 가득 담아 보냅니다.'

〈열린옷장〉을 이끌어 나가는 것은 소유하기보다는 공유할 때 가치가 더 높아진다는 원리, 바로 '공유경제 이론'이다. 누구에게나 열려 있는 커다란 공용 옷장인 셈이다.

"처음엔 빌려 입는 것이 어떨까 싶었어요. 어쩌면 일생의 한 번뿐인 중요한 일에 과연 다른 사람이 입던 옷을 입을까, 하고요. 하지만 점점 경제적 효율성을 생각하는 사람들이 늘어나고 있는 것 같아요. 옛날에는 세탁소에서 옷을 빌려 입기도 했잖아요? 한 번 입을 옷이니까 더 이상 구입하지 않고 적은 돈을 들여 빌려 입자는 효율적인 생각이 늘어나고 있는 추세예요."

〈열린옷장〉의 가장 큰 자산은
대여자와 기증자의 따뜻한 손편지들이다.
▼▶

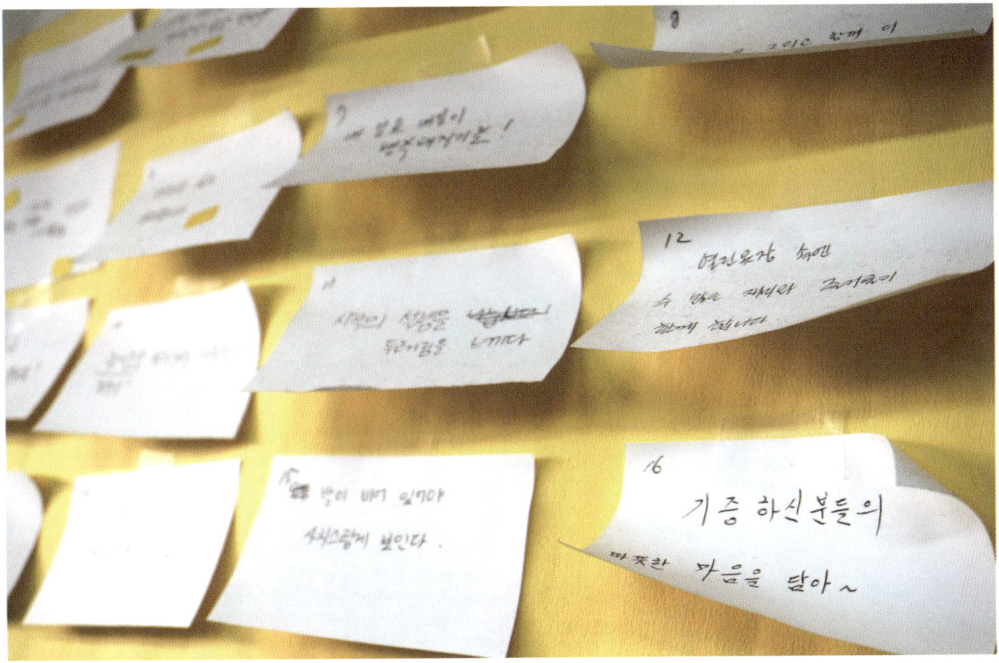

일하고 싶은 직장, 〈열린옷장〉

〈열린옷장〉의 직원은 네 명이다. 김소령 공동대표와 함께 회사를 창업한 한만일 공동대표는 하드웨어적인 부분을 전적으로 맡고 있다. 서동건 의류관리팀장은 옷이 어디에 있는지, 그 옷의 상태가 어떤지 등 수선에 관한 전문가다. 정선경 서비스관리팀장은 고객들이 옷을 편하게 대여할 수 있게 배려하는 역할을 맡고 있다. 이들 중 누구 하나 모집 공고를 보고 들어오지 않았다. 자발적으로 대표를 맡게 되었고 직원이 되었다.

특히 한만일 공동대표의 결단은 쉽지 않았다. 가족이 있는 한 집안의 가장으로 탄탄한 회사를 그만두는 게 확신이 서지 않았다.

"평범한 회사원이었어요. 하지만 이대로 살아서는 안 되겠다 생각을 하게 되었지요. 처음 이 아이디어를 들었을 때 도전을 해 보고 싶었어요. 하지만 멘토링을 받을 때 다들 설왕설래했어요. 이 작은 아이디어로 회사를 꾸려 나갈 수 있는지 의아해했었지요."

설립 3년 만에 회사는 어느 정도 경영이 가능해질 만큼 성장했다. 물론 앞으로도 고민해야 할 일들이 많이 남아 있다. 지방 고객들이 편리하게 이용하는 법, 신체 사이즈를 정확하게 재는 법, 옷에 맞는 스타일링, 기증자와 대여자의 소통 방법 등 더 발전시켜 나갈 일이 많다.

안정적인 공기업에 다녔던 정선경 팀장은 TV 다큐멘터리의 한 프로그램에서 〈열린옷장〉을 만나고 자발적으로 지원한 케이스다.

"이제 〈열린옷장〉이 어떤 회사인지 널리 알리는 것이 제 일이에요.

▲ 처음 정장을 입는 고객들에게 코디 방법도 친절하게 일러준다.

◀ 번듯한 회사를 마다하고 〈열린옷장〉에 자발적으로 지원한 서동건 팀장. 그에겐 일이 늘 즐겁다.

◀
직접 방문하지 못하는
고객을 위한 친절 택배 서비스

아직도 주변 친구들에게 이 회사에 다닌다고 하면 잘 몰라요. 그래서 〈열린옷장〉에 다녀, 라고 말했을 때 '아, 그 회사!'라고 알아보도록 만드는 게 목표예요. 처음에는 빌린 옷을 입을까, 생각했는데 사람들의 사고가 효율적으로 바뀌는 것 같아요. 돈을 쓸 때 강약이 있는 거죠. '어차피 한 번밖에 안 입으니 이럴 때 돈을 아끼자'라는 사고인 셈이죠. 점점 이런 생각들이 늘어난다는 게 신기한 것 같아요."

졸업 후, 연봉이 높은 회사에 입사하고 싶었다는 서동건 팀장. 번듯한 회사에 합격했지만 미래의 청사진이 잘 그려지지 않았단다. 그래서 과감히 입사를 포기하고 NGO 쪽으로 가야겠다고 생각했는데, 〈열린옷장〉에서 비영리 단체로 등록한다는 메일을 받고는 망설이지 않고 지원을 했다. 이곳을 알게 된 것도 면접을 보기 위해 옷을 빌리면서였다.

"당장 다음날 면접이 잡혔는데 옷이 없었어요. 부모님께서 이곳을 추천해 줬고, 옷을 빌리게 되었죠. 그때 이 공간에서 일하는 대표님들과 팀장님이 매우 행복해 보였고, 집에 돌아와서도 자꾸 생각이

났어요."

입사 후, 대기업에 다니는 친구들과 비교당하곤 할 땐 힘들었다는 서 팀장. 하지만 시간이 지날수록 자기에게 맞는 일을 하고 있다는 생각이 든단다. 옷장 속에 잠들어 있던 옷이 주인을 찾아가 그 몸에 꼭 맞게 입혀지듯, 누구나 자기 자리가 있는 것 같다고 생각한다.

앞으로 〈열린옷장〉이 할 일은 무수하다. 무엇보다 〈열린옷장〉을 더욱 활성화시키기 위해 기증자를 늘려 나갈 계획이다. 대여자가 선택할 수 있는 폭을 넓히기 위해서는 많은 아이템을 확보하는 것이 필수적이다.

옷장 속 잠들어 있는 정장 한 벌로 세상과 소통하는 방법, 어렵지 않다.

서울시 광진구 아차산로 213 웅진빌딩 403호
070-4325-7521
www.theopencloset.net

커피 향
청춘

카페 **프롬나드**

나에게는 가끔 어떤 식사를 하는지보다
어떤 커피를 마시는지가 더 중요하다.
그래서 눈에 불을 켜고 좋은 카페를 찾아 나설 때가 있다.
이곳 〈프롬나드〉에는 좋은 커피를 제공하는 사람과
맛 좋은 커피를 누릴 권리가 있는 사람,
두 종류의 사람뿐이다.

카페와 연애하듯

작가는 자신의 생각을 카페의 대리석 테이블 위에 올려놓는다. 오랫동안 관찰한다. 주문한 음료의 잔이 앞에 놓일 때까지 그 시간을 이용할 수 있으니까. (…) 예방을 위해 따라 마신 커피는 생각을 클로로포름 아래 잠기게 한다.

문예평론가 월터 벤야민(이명석의 ≪모든 요일의 카페≫에서 인용)

카페는 우리를 생각하게 만들고, 우리가 숨을 곳을 마련해 준다. 에스프레소 머신이 커피를 내리는 소리, 그릇이 서로 부딪히는 소리, 이러저러한 커피 주문을 주고받는 소리, 옆 테이블 일행의 잔잔한 수다가 백색소음처럼 퍼지면 생각은 오히려 내 안을 향하고 나는 익명성과 커피 향 뒤로 숨는다. 이것이 바로 몰두해야 할 일이 있을 때 굳이 노트북을 들고 카페를 찾는 이유일 것이다. 카페는 우리를 생각하게 만들고 숨을 곳을 마련해 준다.

연애처럼 카페도 첫눈에 반하는 것이 전부가 아니기에 연인 같은 카페를 만난다는 것은 어려운 일이다. 분위기가 마음에 들어서 들어갔다가도 커피 맛에 낭패감을 느끼고 단 한 번도 애프터 신청을 하지 못하게 되는 경우가 부지기수. 반면 커피 맛은 마음에 들어도 칙칙한 외모 때문에 영 다시 만날 마음이 들지 않기도 하며, 둘 다 마음에 들어도 직원이 불친절하면 뒷맛이 씁쓸하다. 설사 이 모든 것이 마음에 들었다고 해도 친절과 오지랖이 지나쳐 익명성 뒤로 숨을 수 없는 곳도 있다. 그러나 나는 모든 것이 마음에 드는, 애인 삼을 만한 카페를 찾아내고야 말았다. 경기도 군포시의 중앙도서관 근처에 위치한 〈카페 프롬나드〉 대표 김성동, 이하 〈프롬나드〉가 바로 그곳이다.

첫눈에 확 끌리는 외양은 아니었지만 도서관으로 향하는 우거진 숲길을 곁에 두고 있었고 작은 테이블 세 개 정도가 놓인 테라스가 있어 사계절을 느낄 만했다. 커피 맛은 인상적이었고, 직원들도 적당히 친절했다. 한 번 가고, 두 번 가고, 익숙해질 만큼 찾아가도 커피에 관련된 친절함 말고는 거리 유지가 가능했다. '아, 보면 볼수록 마음이 가는 애인이야.'

하지만 〈프롬나드〉의 진짜 매력은 이제부터다. 수도 없이 나타나 적자를 메우지 못하고 사라져 가는 카페들 사이에서 3년여 짧은 시간이지만 안정적인 매출을 유지하며 이 지역의 스타 카페로 떠오른

▲
〈프롬나드〉는 사계절이 오가는 것을 느낄 수 있는 작은 카페다.

이유는 좀 독특한 데서 찾을 수 있었다.

대한민국에서 젊은 바리스타로 살아간다는 것은

> 기업들은 직원을 해고하면 웬만큼 성공을 거두리라 확신했지만 그들이 미처 생각지 못한 것은, 충성도 감소가 직원들로부터 고객들로 전염된다는 점이었습니다. 직원이 충성스러울 때 고객 역시 회사의 제품이나 서비스를 의리 있게 사준다는 것이 판명되었습니다.
>
> 레슬리 여키스·찰스 데커의 ≪잭 아저씨네 작은 커피집≫에서 인용

조용한 동네에 위치한 고작 아홉 평짜리 카페에는 언제나 사람이 많다. 테이블은 올 때마다 대부분 차 있고 테이크아웃 손님도 끊이지 않는다.

"여긴 실험실이에요!"

카페에서 일하는 인혁 씨는 단호하고 자신 있게 말했다. 일주일에 한 번은 네 명의 직원들이 모여서 자발적으로 커핑 연습을 하고 레시피 토론을 하다가 새벽이 되어서야 귀가하곤 한다는 그들에게 카페는 실험실일 수도 있을 것이다. '집에 좀 가라'는 대표의 부탁(?)을 외면하고 그들은 왜 카페에서 실험을 벌이는 것일까? 직원들이 카페에 애착을 갖는 이유가 곧 〈프롬나드〉가 이 도시의 사람들에게 사랑받는 이유가 아닐까?

이 조그만 카페의 직원은 대표를 제외하고도 무려 네 명이다. 모두

파트타임으로 근무하는 것이 아닌 정직원들이다. 여기에 주말에만 일하는 파트타이머가 한 명 더 있다.

대부분의 카페에서는 모든 직원을 파트타임제로 고용해서 운영한다. 극소수의 대형 프랜차이즈 카페 말고는 카페를 운영해서 돈을 벌어들이는 업주가 별로 없기 때문에 정직원을 두기 어렵다. 우리나라 대부분의 바리스타는 한 분야에서 십 년 이상 일해도 월 급여가 200만 원을 넘지 못하는 것이 현실이다. 대한민국에서 바리스타로 살아간다는 것은 결혼이나 육아를 포기하는 것일지 모른다. 미래가 불투명하기 때문에 자신의 실력에 투자할 의지도 없어지고, 자연히 서비스가 좋기도 어렵다. 경력을 쌓았다고 해도 조금이라도 급여가 나은 업종을 찾아 떠나게 되는 경우가 흔하다. 그들에게 커피는 젊은 시절 한때 스쳐가는 '알바'일 뿐 인생을 걸 수는 없는 일인 것이다.

〈프롬나드〉의 김 대표는 커피의 맛과 서비스의 질을 높이는 절대적인 방법은 직원들에게 정당한 보상을 하는 것이라고 생각했다. 그래서 정직원제를 선택했다. 4대 보험, 승진과 적절한 연봉, 직업의 안정성을 보장하면 직원들은 웃고 싶지 않아도 웃게 된다는 것. 법정 근무 시간을 철저히 지키며 주 1회 휴무, 1회 월차는 꼭 지킨다. 연 7일의 휴가도 있다.

그리고 무엇보다 직원 교육에 과감하게 투자한다. 테라로사, 플랜트, 커피리브레 등 유명 커피 아카데미에서 커핑과 추출 등의 다양한 교육을 받도록 지원한다. 바리스타의 기본은 커핑 기술이기 때문에 중복되는 커리큘럼이 있어도 반복 지원한다. 그리고 바리스타마다 자신만의 특장기를 가질 수 있도록 국내 최고 바리스타들의 특별 강좌를 듣도록 지원하며, 이 모든 것을 근무 시간 중에 배울 수 있도록 하는 것이 원칙이다.

불안정한 직장과 미래는 사람을 쉽게 패배감에 빠뜨린다. 지금의 바리스타들이 〈프롬나드〉에 처음 면접을 보러 왔을 때, 그들 대부분이 고된 생활에 지쳐 있었고 자존감이 약했다고 한다. 그랬던 그들이 지금은 〈프롬나드〉에서 프로페셔널한 바리스타로 성장했다.

김 대표는 고용주와 피고용인이 서로에 대한 신뢰를 표현하는 방법 중 가장 분명한 것은 연봉과, 능력에 대한 보답과 대우라고 말한다. 안정적인 고용 환경 아래 지속적인 교육과 연습을 쌓으며 직원들은 자부심을 가졌고, 그 자부심에서 자연스레 매너와 여유가 우러나왔다고 한다.

바리스타가 자신의 일과 실력에 대해 자긍심을 가질 때 커피 맛과 서비스는 월등히 좋아진다고 김 대표는 믿는다. 직장이 안정감을 제공하면 직원에게서는 신사적인 서비스가 나온다. 그것은 바리스타가 아닌 어떤 청춘도 마찬가지다. 비전을 향해 달려가는 것이 젊음 아닌가?

잘나가는 〈프롬나드〉를 보면서도 인력을 긴축적으로 운영해 매출을 더 늘릴 것을 제안하는 사람들이 많다고 한다. 안타깝게도 그것이 요즘의 상식이 되어 버렸다. 하지만 김 대표는 지금의 인력 구조를 만든 것이 최고의 선택이었다고 말한다.

노동에 대한 정당한 대가를 받고 모든 사람이 동등한 위치에서 미

▲ 안정된 직장은 일에 대한 자부심과 여유로운 서비스를 만든다.

래를 존중받는 것이 희귀한 일이 되어 버린 지금, 부당함에 익숙해지고 있는 대한민국과 대한민국의 청춘에게 〈프롬나드〉가 물음표를 던지고 있다.

기본에 충실하는 것은 얼마나 어려운가

> 이 가게의 성공 비결은 바로 기본에 있어. 가능한 최고의 직원을 채용하고, 그에게 권한을 줘서 고객 서비스에 대한 애정을 불어넣는 것이지. 기본을 충실히 지키면 성공할 수 있어.
>
> 레슬리 여키스·찰스 데커의 ≪잭 아저씨네 작은 커피집≫에서 인용

미국 중소기업체에서 가장 많이 읽는 책으로 꼽힌 《잭 아저씨네 작은 커피집》은 골리앗의 군대에 맞서 싸우는 다윗처럼 대형 카페 프랜차이즈를 이기고 시애틀 커피의 전형을 일구어 낸 전설적인 카페 〈엘 에스프레소〉의 성공 비결을 이야기하고 있다. 〈프롬나드〉의 성공도 이와 다르지 않다.

직원에 대한 투자를 통해 나타나는 결과는 결국 손님에게 돌아간다. 교육은 현장의 커피 맛을 향상시킨다. 〈프롬나드〉의 커피 맛은 언제나 좋다. 쇼콜라띠에 출신으로 에스프레소 추출을 특기로 하는 시니어 바리스타, 라테아트와 홍차를 전문으로 하는 바리스타, 커핑과 에스프레소가 특기인 제과제빵 전공의 바리스타까지 기본기에 충실하고 특기 단련에 열성인 바리스타들이 매일 연습하며 레시피 개발

을 거듭한다.

또한 매장에서 직접 로스팅함으로써 서비스와 가격이 좋아진다. 디드릭Diedrich이라는 미국산 2.5kg 로스터로 로스팅을 직접 하니 비용 부담이 적어 다양한 로스팅 테스트를 해 볼 수 있다. 로스팅은 계절에 따라서 변화를 준다. 겨울에는 묵직한 맛을 강하게 뽑고, 여름에는 신맛을 살리거나, 비가 오는 날에는 특별한 방식으로 로스팅을 해 본다. 직원들의 커핑과 테이스팅 연습용 원두도 따로 둔다. 꾸준한 실험을 하다 보면 맛이 확 좋아지는 순간이 온다.

원두를 직접 볶아 단가가 낮아지면 반드시 이를 고객에게 돌려준다. 〈프롬나드〉에서는 일반적인 카페에서 제공하는 양보다 많은 16온스를 제공하므로 자연히 원샷을 추가한 투샷이 들어간다. 거기에 샷 추가와 리필은 언제든 무료다. 테이크아웃 손님에게는 리필 대신 가격을 20퍼센트 할인해 준다.

〈프롬나드〉의 사람들은 맛 좋은 커피를 만드는 것은 바리스타의 윤리 문제라고 생각한다. 그래서 꾸준히 바리스타 대회를 찾아다니고, 유명 바리스타의 희귀한 강좌를 섭렵하고, 커핑의 트렌드를 알기 위해 전국의 카페를 탐방한다. 직접 돌아다니며 좋은 원두를 구하고, 로스팅해 보고, 커피를 내려 보면서 최상의 맛을 찾는다.

원두는 일반적으로 대량 사용하는 커머셜 생두보다 50~100퍼센트 가량 가격이 비싼 스페셜 티 생두만 100퍼센트 쓰고 있다. 심지어 블렌딩용 원두도 스페셜 티만 사용한다. 모든 메뉴에 다 어울리는 원두는 없기에 이익이 발생하면 원두를 한 종이라도 더 사고, 그 원두

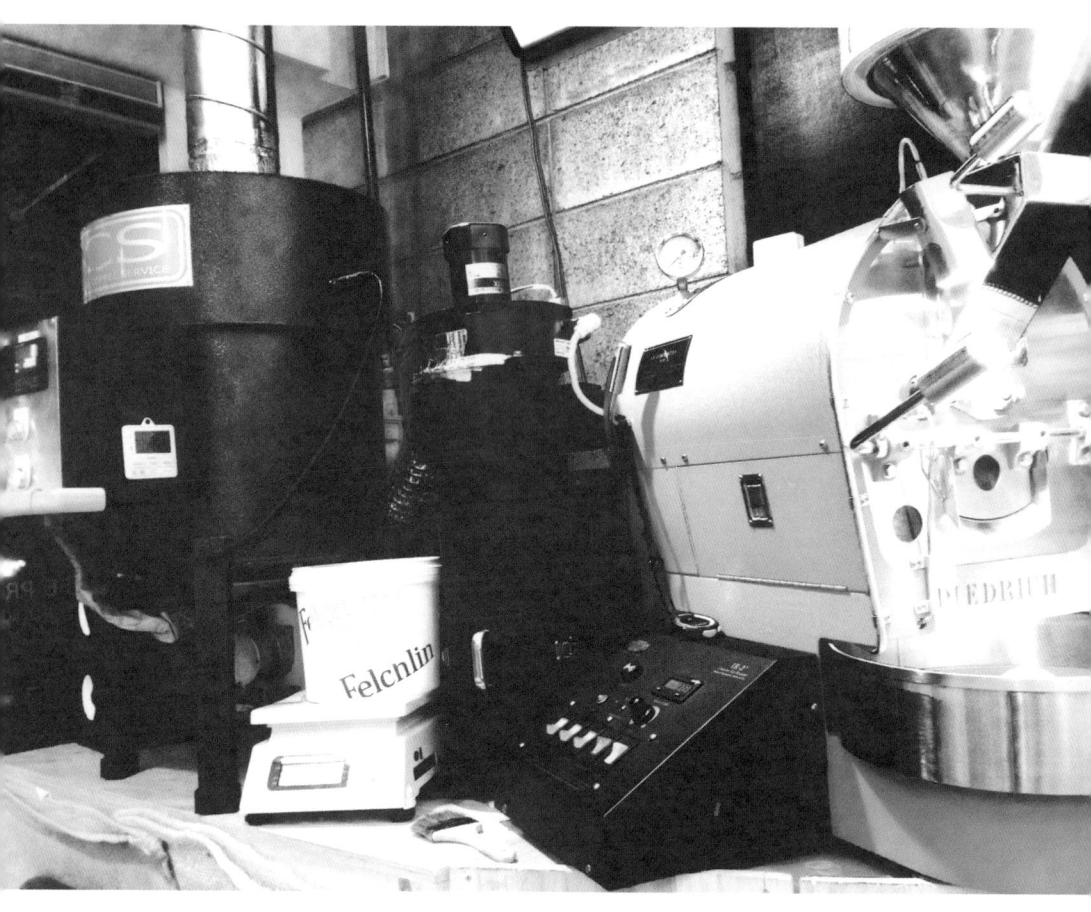

▲
디드릭으로 원두를 직접 로스팅하여 다양한 테스트를 한다.
꾸준히 실험하다 보면 맛이 확 좋아지는 순간이 온다.

를 다루는 새 그라인더를 산다. 좋은 음식점이 식재료를 아끼지 않는 것처럼 좋은 원두를 쓰면 매출도 좋아진다고 믿기 때문이다.

기본에 충실하라는 말은 얼마나 쉬운가? 그러나 기본에 충실하다는 것은 언제나 혁신적이다.

그러므로 〈프롬나드〉에는 좋은 커피를 제공하는 사람과 맛 좋은 커피를 누릴 권리가 있는 사람, 두 종류의 사람뿐이다. 맛 좋은 커피를 위해 셔터를 내리고 실험하는 바리스타들과, 그들의 미래가 곧 오늘의 커피 맛이라고 믿는 〈프롬나드〉이기에 나는 매일 그곳으로 숨어든다.

경기도 군포시 수리동 수리한양아파트 분산상가 1동 104호
031-393-9535

미국의 법학자 로렌스 레식이 주창한 '공유경제'는
2008년 미국의 재정 위기 이후 온라인에서 트렌드가 되어
점차 오프라인으로 확대되어 가고 있다.
공유경제, 알고 보면 이 말은
그다지 거창한 것이 아니다.

차 한 대로 이웃을 만들다

가끔 이동 거리가 멀거나 짐을 많이 들고 이동해야 하는 경우가 있고, 차를 쓰던 버릇도 쉽게 포기할 수 없으니 차 없이 사는 것이 많이 불편할 수도 있다. 그러나 따져 보면 주로 집에서 일을 하는 나의 차는 한 달에 25일쯤은 주차장에 서 있다. 이것이 비단 나만의 일은 아닌 것 같다. 잡코리아의 조사[2013년 8월]에 따르면, 우리나라 직장인 69.1퍼센트가 대중교통을 이용하고, 자가용으로 출퇴근하는 경우는 20.8퍼센트에 불과하다고 한다. 서울시와 인천시, 경기도가 함께 수도권 19만 8천 가구를 대상으로 실시한 '수도권 주민 통행 실태 조사'[2013년 2월]에 의하면, 이동량이 가장 많은 경우는 출퇴근할 때[11.1km]이고, 이어서 업무[10.1km], 귀가[9.67km], 등교[6.18km], 쇼핑[4.46km] 등의 순으로 나

타났다.

유럽의 한 연구에 의하면 자동차를 구입해서 폐차할 때까지 실제 사용하는 시간은 그 기간 전체의 3퍼센트 미만이라고 한다. 이런저런 조사들을 보면 출퇴근을 위해 차를 가장 많이 사용하지만, 그 비중이 점점 줄어드는 추세라고 한다. 차를 사용하지 않는 시간에도 보험료와 세금은 지출되고, 시간이 흐를수록 차의 가치는 떨어진다. 자동차마다 주차 공간이 꼭 필요한 데다, 세워 놓으니 굴리자는 생각에 일부러라도 타고 다니면서 발생하는 연료비와 배기가스를 생각하면 이만저만 손해가 아니다. 이런 생각에서부터 카쉐어링은 시작되었다.

물리적인 의미의 카쉐어링은 '시간제 렌터카'라고 정의할 수 있겠다. 일반적인 렌터카가 하루 단위로 차를 대여한다면 카쉐어링은 딱 필요한 시간만큼만, 내가 있는 곳 가까운 데에서 차를 빌릴 수 있다. 예를 들어 큰 장을 보러 대형 마트에 간다든지, 고향에서 올라오신 부모님을 마중하러 가야 한다든지, 자취방 이삿짐을 옮긴다든지 할 때 이용할 수 있다.

제주도는 특히 기관 시설이나 상권과 주택가 간의 거리가 먼 데다 대중교통이 많지 않아 자가용이 없으면 생활하기가 불편하다. 카쉐어링 〈쏘카〉대표 김지만, 이하 〈쏘카〉는 이러한 환경에서 나온 아이디어를 바탕으로 2012년에 시작되어, 제주라는 특별한 지형에서 거칠게 기본기를 쌓았다. 그리고 2013년 서울시의 나눔카 서비스 공식 업체로 지정되며 전국구 기업으로 성장했다. 서울에서는 후발 주자임에도 2013년 11월에 보유 차량 300대를 돌파했으며, 2014년 상반기에 1천

대를 증차했다. 현재 〈쏘카〉의 카쉐어링 차량은 서울과 경인 지역뿐만 아니라 부산·경남, 대구·경북, 제주 등지에서 운영되고 있다.

〈쏘카〉는 인터넷이나 핸드폰 어플리케이션을 통해 회원 가입을 한 후 이용할 수 있다. 회비는 없고 30분당 최소 기본 사용료 2,040원차종과 평일, 주말에 따라 요금 상이이 차량 사용 10분 전에 등록한 카드로 결제된다. 차량을 반납하고 나면 이동 거리에 비례해 요금이 후불로 자동 결제된다. 나는 방배역에서 인근으로 이동하기 위해 국산 신형 중형차를 한 시간 사용했다. 주말이라 주중보다 살짝 높은 가격이었음에도 기본 요금 5,280원에 거리 비례 950원이 추가되어 총 6,230원이 결제되었다. 택시보다 훨씬 싼 데다 기다리지 않아도 되니 여러모로 경제적이었다.2014년 3월 기준.

회원 카드를 사용할 수도 있지만 스마트폰 어플리케이션을 통해 주차된 차량의 문을 열어 보았다. 휴대폰으로 문을 연다는 것이 신기해 차 밖에 선 채로 백미러도 접어 보고, 차량 등도 깜빡여 보고 문을 열었다 닫았다 해 보았다. 차량을 다 사용하고 돌아오는 길에 차에 옷을 두고 내렸다는 것을 뒤늦게 알아차리고 주차장으로 다시 돌아갔는데 문이 잠긴 것을 어쩌나! 콜센터로 전화했더니 원격으로 차 문을 열어 주는데 어찌나 신기하던지!

이 모든 것은 차량 앞 유리에 붙어 있는 RFID 카드와 단말기를 통해 원격 조종된다. 스마트폰이 연결되지 않는 산간 지역에서는 RFID 방식의 회원 카드를 이용하거나 그도 없을 경우 24시간 운영하는 콜센터로 전화하면 사고 등의 유사시에 급한 일을 해결할 수 있다. 스

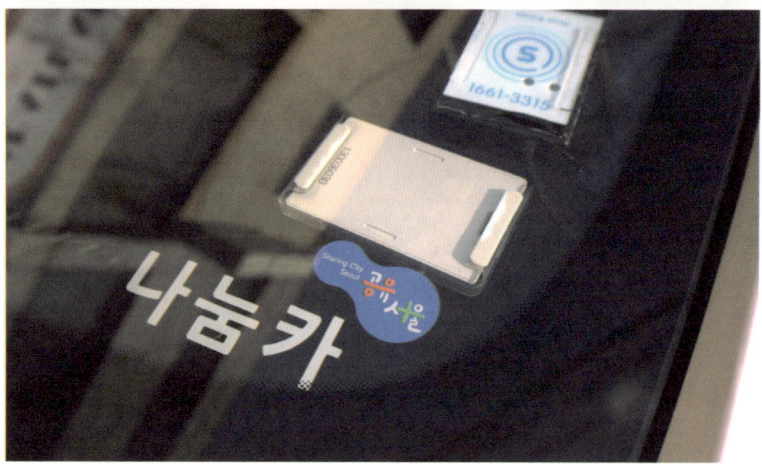

▲
회원 카드를 사용할 수도 있지만 스마트폰 어플리케이션을 통해 주차된 차량을 제어할 수 있다. 이 모든 것은 차량 앞 유리에 붙어 있는 RFID카드와 단말기를 통해 원격 조종된다.

마트폰 어플리케이션은 예약 및 확인뿐 아니라 예약한 차의 주차 상태나 고객들의 후기까지 실시간으로 올리고 정보를 교환할 수 있다.

재화를 나눠 쓰는 '협력적 소비'

서울시 승용차 공동 이용 서비스 '나눔카' 이용자가 2013년 9월 현재 총 100,415명이 되었다. 일평균 680명이 이 서비스를 이용했다고 한다.

2008년 미국의 재정 위기 이후부터 시작된 공유경제 트렌드는 온라인에서 시작되어 점점 오프라인으로 확대되어 가고 있다. 지식 공유 사이트 〈위키피디아〉, 디지털 도서관 〈아카이브〉, 레시피 공유 사이트 〈오픈소스푸드〉 같은 온라인상의 나눔 공간을 넘어 이제는 빈 방을 여행자들의 숙소로 빌려 주는 숙박 공유 서비스, 정장을 빌려 주는 서비스, 책을 공유하는 서비스 등 나눔의 장르도 점점 다양해지고 있다. 불황을 맞은 사람들이 대량 생산하고 대량 소비를 하던 과거의 소비 행태에서 벗어나 재화를 나눠 쓰는 '협력적 소비'라는 대안을 만들어 낸 것이다. 카쉐어링은 그 대표적인 예다.

〈쏘카〉의 서비스를 이용하는 사람들은 주로 젊은 세대다. 25~35세 비율이 80퍼센트 정도에 이른다. 이렇게 자신의 규모에 맞게 지혜로운 경제생활을 꾸려 가는 사람들이 늘자 KT, 현대자동차그룹 등 대기업도 속속 카쉐어링 시장에 진출하고 있다. 아직 소셜 벤처기업이라고 할 수 있는 〈쏘카〉는 대기업이 규모로 밀고 들어오는 것에 대해 그다지 크게 걱정하지 않는다. 카쉐어링을 이용하는 고객이 늘고 있다고는 하지만 전체 인구로 봤을 때는 아직 미미한 수준이기 때문에 오히려 대기업이 참여함으로써 카쉐어링 시장의 저변을 확대하는 데 기여할 것으로 기대하고 있다. 물론 대기업의 서비스와는 차별화해야 한다. 그래서 〈쏘카〉는 2014년을 양적 성장과 질적 차별화를 이루어 내는 '차별화 원년'으로 정했다.

강력한 커뮤니티는 〈쏘카〉만의 특성이자 전략이다. 차 한 대로 이웃과 연결되고 그들에게 관심을 갖고 그들만의 커뮤니티가 형성되면, 차를 함께 쓰는 것 외에도 나누고 함께 쓰는 문화인 자신들만의 공유경제를 자발적으로 실현할 수 있을 것이라고 본다. '차 없는 서러움을 극복하는 것'을 넘어서 '차 한 대를 나눠 타는 사람들 간의 교감'이 질적 차별화의 핵심이다. 이를 통해 차후 카쉐어링 업체가 늘어나 고객의 선택의 여지가 많아졌을 때 가격이 아닌 가치 중심의 선택을 할 수 있기를 기대하고 있다.

또한 철저한 이용량 트래킹을 통해 이용 건수가 많은 개소에 배차를 늘리고 인근 지역으로 개소를 확장하여 차 한 대를 하루에 여러 번씩 대여할 수 있는 시스템을 갖추는 등 양적 차별화에도 공력을 모으고 있다.

우리가 돌아가야 할 제자리, 공유경제

〈쏘카〉의 직원들은 자유분방한 분위기에서 일하고 있다. 격의 없고

자유로운 의견 개진을 위해 수평적인 직장 문화를 만드는 것이 중요하다는 철학에 공감하기 때문이다. 그래서 직원들끼리도 직급 없이 닉네임으로 서로를 부른다. 사용자에게 궁극적으로 제공하고 싶은 것이 '행복'이기에 직원들 스스로가 행복하지 않으면 사용자를 즐겁게 할 아이디어가 나올 수 없다고 생각한다. 직원 간의 아이디어는 물론 사용자들이 제안하는 아이디어까지 그때그때 최대한 반영한다. 현재 〈쏘카〉 어플리케이션에 있는 카테고리나 메뉴의 대부분이 사용자들의 의견을 모아 만들어진 것들이다. 적극적으로 의견을 내는 사용자들 덕분에 어플리케이션은 점점 더 유능해지고 있다.

젊은 세대의 자동차 구매율 감소는 전 세계적인 현상이다. 우리나라도 다르지 않아서 20대의 신차 구매율은 10.2퍼센트, 30대는 6.9퍼센트에 불과하다. 조사가 진행된 기간을 기점으로 전년 같은 기간 대비 1.7퍼센트가 감소했다고 한다.[한국자동차산업협회의 '2013 자동차 CEO 리포터'] 하지만 자동차에 대한 수요는 줄지 않아서 카쉐어링은 2013년 상반기 서울시민에게 가장 필요한 정책 5위로 선정되기도 했다. 이는 60퍼센트를 넘어서는 〈쏘카〉의 재이용률이 증명하고 있다.

다양한 업체들이 카쉐어링에 뛰어들었다. 차를 나눠 쓰는 것은 지혜로운 경제생활을 하고 있다는 상징이나 젊은 세대의 트렌드처럼 보이기도 한다. 하지만 공유경제는 사실 유행이 아니라 우리가 돌아가야 할 '제자리'가 아닐까? 노동력을 나누고, 물건을 물려 입히고, 안 쓰는 물건을 나눠 쓰는 문화가 그다지 오래된 일은 아니지 않는가?

다음 분을 위해 기름 만땅 채워 놨습니다.

김○○, 숙대입구역 10번 출구

차량용 휴대폰 충전기를 두고 가셨네요. 콘솔 박스에 넣어 뒀습니다.

천○○, 연산역

잘 썼습니다. 1번 주차 기둥 옆에 주차했어요. 우리 아파트에 쏘카존이 생겨 너무 기뻐요.

여○○, 노형뜨란채 201동

사용자에게 궁극적으로 제공하고 싶은 것이
'행복'이기 때문에
직원들 스스로 행복하지 않으면
사용자를 즐겁게 할 아이디어가 나올 수 없다고 생각한다.

휴대폰에 다운받은 〈쏘카〉 어플리케이션을 여는 순간에도 사람들의 이야기가 오가고 있다. 더불어 배려도 오간다. 내가 옷을 두고 내렸던 것처럼, 차를 사용하는 사람들이 흔히 하는 실수를 다음 사람이 챙겨 주고 있다. 뭔가 든든한 친구나 이웃이 생긴 것 같은 기분이 든다. 기분이 좋은 날, 세차까지 해 둔다면 나의 행복이 그 다음 사람에게 전해질 것이다. 내가 썼던 차를 쓰는 내 이웃을 싣고, 누군가의 배려를 싣고 오늘도 〈쏘카〉는 달린다.

제주특별자치도 제주시 노형로 15길 6, 907호
1661-3315
www.socar.kr

"어울리다"

harmony

작은 상자 속 골라잡는 재미
내 목소리가 들리나요?
숲의 아이들
너무 무르지도 단단하지도 않는 재미
책과 놀이와 공동체
도시 곁에서 고향이 되어 주는 곳

무인카페 **유쾌한 황당**
은평구 청소년문화의집 **신나는애프터센터**
가락본동 어린이집 **숲반**
제주도 게스트하우스 **쫄깃쎈타**
서점 **동네책방 개똥이네 책놀이터**
관광농원 **부부농원**

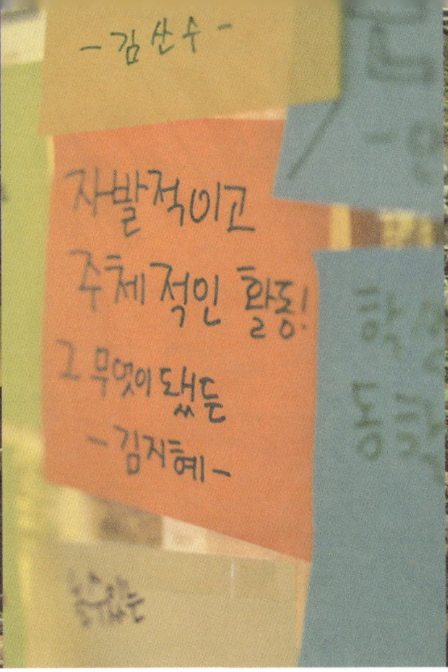

오늘 하루가 **아름다운** 이유

작은 상자 속

무인카페 **유쾌한 황당**

골라잡는 재미

'13명 선착순. 행복은 선착순이네요.'
주인장의 페이스북에 공지가 떴다.
세 평의 공간 속 사람과 음악, 계절의 공기가 섞여
둥그런 행복이 느껴진다.
그렇게 작은 카페의 소소한 공연이 시작된다.

작은 공간, 큰 세상

두근거리는 심장 소리를 감춰야 하는 소극장에서의 데이트를 좋아했다. 사람들의 옅은 향기가 모여 둥그런 공기를 형성하고 작은 웃음소리만으로도 주목하게 하는 그 공간에 들어서면 왠지 모르게 긴장되면서도 안심이 되었다. 작은 우주에서 가장 가까운 사람과 나란히 앉아 있는 그 기분. 작은 공간이 주는 아늑하고 따뜻한 느낌은 나이를 먹을수록 점점 좋아진다.

부암동 꼭대기엔 외관이 노란색이라 누를 황^{黃}에 집 당^{堂}을 쓴 〈유쾌한 황당〉이라는 카페가 있다. 이곳에서 일어나는 황당무계한 일들이 우리를 유쾌하게 만들었으면 하는 바람이 담긴 이름이다. 부암동 붙박이 구멍가게와 세탁소와 이웃하는 집. 통유리라 밖에서도 안이

훤히 들여다보이는 집. 그 안은 고작 세 평 남짓 공간이다. 주인이 있을 때도 있지만 없을 때가 더 많다. 주인이 없으면 스스로 차를 타서 약간의 돈을 내고 마시면 그만이다.

주인이 무책임하다고? 카페의 주인장은 여행 작가다. 일 년의 반 이상은 카메라를 들고 팔도강산 곳곳을 누빈다. 그리고 서울로 돌아와선 시치미를 뚝 떼고 카페 주인장이 된다.

무인 카페이면서도 서울 안에서 신기하게 굴러가는 그곳에선 재미있는 공연이 열린다. 세 평 공간에서 무슨 공연을 하냐고? 모르는 소리. 어쿠스틱 기타의 울림이 어쩌면 그토록 먹먹한지, 바로 앞에서 울리는 목소리가 얼마나 감미로운지 모른다. 연극이 펼쳐지기도 하고 아트마켓이 벌어지기도 한다. 고작 10여 명의 사람들만 초대받는 공연이다. 즉, 공연을 보기 위해서는 '행복은 선착순'이란 걸 명심해야 한다.

여행 작가가 카페를 꾸리는 법

부암동은 오래되었지만 그 시간만큼이나 다정한 동네다. 윤동주 시인이 산책을 다녔던 언덕이 있고 담보다 더 키가 큰 나무들이 자란다. 시골 읍내가 연상되는 미용실과 세탁소, 떡집이 자리한다. 청와대 뒤에 위치한 이 동네는 군사보호구역, 개발제한구역으로 묶여 있어 개발 속도가 그만큼 더디다. 허름한 상점들 사이 모던한 카페가 하나 둘 생겨난 건 몇 년이 채 되지 않은 일이다.

부암동 언덕을 오르는 길, 동사무소 건너편에 나지막이 자리한 이

작은 공간에 들어서면 모든 소리와 냄새를 공유할 수 있다. 문을 열면 부드러운 햇살과 사이펀 커피의 깊고 은은한 향이 카페 가득 퍼진다. 단, 주인장이 있을 때만.

이 카페의 주인장은 여행 작가 박상준 씨.《서울 이런 곳 와보셨나요? 100》,《오! 멋진 서울》등의 두툼한 여행 책을 쓴 그는 서울통으로 불린다. 제주의 올레길에 관한 한 제주통이기도 하다. 카페는 공식적으로 오후 2시부터 밤 11시 30분까지 운영되지만 직업 특성상 비울 때가 더 많다. 그럴 땐 '란이'라는 친구의 손을 빌린다. 란이 씨는 문을 열고 닫는 일부터 메뉴판을 쓰고 카페를 꾸미는 일까지 도맡는다.

〈유쾌한 황당〉의 주인장은 쉬엄쉬엄 작업하면서 카페를 꾸려 나가리라 생각했다. 하지만 손님을 기다리고 풍경을 바라보는 일만으로도 하루가 훌쩍 지나갔다. 전면이 유리창인 카페는 마치 연극 무대 같다. 카페에 앉은 이들은 창밖으로 지나가는 행인들을 배우라고 착각하고, 행인들은 커피를 마시며 이야기하는 카페 안 풍경을 연극의 한 장면처럼 여긴다. 독특하고 감성적인 주인장을 닮은 카페다.

"맛있는 커피가 목적인 공간이 아니에요. 커피가 워낙 유명한 동네다 보니 그런 욕심은 진작 접었지요. 커피 머신 이름도 '적당'이에요. 커피 맛은 적당히만 내려고요. 대신 마음이 소통하는 공간이었으면 해요."

그는 시 한 편을 낭송하고 음악이 흐르고 웃음이 넘쳐나는 공간을 꿈꿨다.

▲
우주히피 한국인 씨의 공연 중 활짝 웃고 있는 주인장 박상준 작가(파란색 옷)와
그가 펴낸 책들

숨결까지 느껴지는 공연

그런 꿈을 실천 한 건 지난 2011년 가을. 싱어송라이터 '쿄운'이 첫 콘서트를 열었다. '김 오키 쿼텟'의 색소폰, 기타, 콘트라베이스, 스냅 구성이 가장 화려했다. 또 뮤지션 '여름에'와 조인호 시인이 함께한 공연과 낭독회도 오래도록 기억에 남는다. 그렇게 한 두어 달에 한 번씩 이 작은 공간에서 공연이 열리기 시작했다.

지리는 좁고 불편하다. 가방 하나 놓을 자리도 없다. 하지만 낯선 이와 가깝게 앉아 따뜻한 눈빛을 교환할 수 있고 뮤지션의 숨소리마

저도 들을 수 있으니 이보다 실감나는 공연장이 어디 있겠는가! 공연은 그 어느 무대보다 부드럽고 자유롭게 흘러간다. 관객과 스스럼없는 대화가 가능하다. 서로의 이름을 불러 주기도 하고, 즉흥적으로 노래를 만들어 주기도 한다. 공연이 끝난 후엔 맛있는 커피나 맥주를 곁들이며 낯선 이와 도란도란 대화를 나눌 수도 있다.

이 공연의 공지는 주인장의 카페, 페이스북, 트위터 등으로 퍼진다. '아마도 13명 선착순. 행복은 선착순이니까요'란 문구에 혹해 예매를 할라치면 어느새 마감이 되어 버린다. 그렇기 때문에 공연이 언

▲
좁은 공간에서도 얼마든지 자신의 악기로 연주할 수 있다.
동양청년 김오키와 김윤철

제 열리는지 귀를 쫑긋하고 있어야 한다. 〈어찌 그리 예쁜가요〉를 부른 '우주히피'의 보컬 한국인이 공연했고, 제천국제음악영상제 거리의 악사 페스티벌에서 우승한 팀인 'Hi to him^{하이투힘}'은 따뜻한 감성을 아름다운 멜로디에 실어 전해 줬다.

'피터가 노래를 하고 얼마 지나지 않아 눈이 내리기 시작했지요. 우리는 간간이 눈 이야기를 나누고 아무렇지도 않은 듯 노래를 듣다

가 무심코 창밖으로 내리는 눈을 바라보곤 했습니다.'

주인장으로 하여금 이런 감성 어린 후기를 남기게 한 장본인은 해발 5천 미터 고산병을 앓은 후 노래를 만들었다는 싱어송라이터 '피터'다.

일상을 뒤집는, 황당하지만 유쾌한 일들

두어 달에 한 번씩 열리는 '숨결 콘서트'도 기다려지지만 무엇보다 목을 길게 늘어뜨리고 기대하는 것은 봄가을에 열리는 '쾌제快祭'다. 쾌재를 부르다와 축제의 합성어인 쾌제는 며칠 동안 재미있게 황당한 프로그램으로 꾸며진다. 음악과 연극과 시와 산책과 이야기가 있는 축제. 당연히 술도 빠지지 않는다.

"처음에는 세 평의 공간에서 뭐든 보여 주고 싶었죠. 콘서트가 계속될수록, 축제가 이어질수록 그냥 신명나는 공간을 만들어 보자는 생각으로 분위기는 더욱 즐거워졌어요."

최갑수 여행 작가와 함께한 '토크 콘서트', 열다섯 명과 열다섯 곡을 부른 우주히피의 언플러그드 숨결 콘서트, 고은결과 함께한 마임인 'Small Talk'에서는 〈네모의 꿈〉에 맞춰 마임을 배웠는데 관객은 유치원생처럼 그를 따라했다. 가장 빨리 마감되는 프로그램은 〈페이퍼〉 잡지의 김원 두령님과 함께하는 '낮술 토크'로 오후 2시부터 낮술을 마시며 허심탄회한 이야기를 나눈다. 김신혜, 장유화 배우의 연극 무대는 도무지 세 평 공간에서 일어날 수 있는 일이라고 생각되지

않을 만큼 공간 활용이 뛰어난 공연이다. 축제의 하이라이트는 주인장이 직접 안내하는 부암동 산책이다. 발길 따라 동네 골목을 촘촘하게 누비는데 그의 맛깔스런 설명이 더해지면 부암동과 사랑에 빠질 수밖에 없게 된다.

저녁 무렵, 터덜터덜 길을 걷다 만나는 작은 카페. 투명한 창을 들여다보니 옹기종기 사람들이 모여 있고, 누군가는 기타를 치며 노래를 부르고 있다. 그 안에선 언제나 우리가 모르는 재미있는 일들이 벌어지고 있음이 분명하다. 무엇이 튀어나올지 모르는 재미난 축제 상자. 부암동에 가면 그 안에서의 일들이 늘 궁금해질 것 같다.

서울시 종로구 창의문로 140-1
070-8658-3448
cafe.naver.com/tourhwangdang

내 목소리가 들리나요?

은평구 청소년문화의집 **신나는애프터센터**

문지방 닳는다는 말이 딱 어울린다.
수업이 끝나면 재깍 달려오는 곳.
동생과 함께 쓰는 방, 엄마가 눈치 주는 집 대신
아이들은 자기만의 방을 가진다.
그 안에서 무엇을 하든 마음대로다.
그래서 이름하여 〈신나는애프터센터〉!

놀이하듯 축제하듯

은평구 역촌동의 한적한 주택가 골목. 지은 지 얼마 안 되어 보이는 4층 건물로 아이들이 분주히 드나든다. 거리낌도 없고 망설임도 없다. 〈신나는애프터센터〉관장 김갑동라는 재밌는 이름을 가진 곳. 사단법인 열린사회시민연합은평시민회이 은평구로부터 위탁받아 2013년 3월에 개원한 청소년문화자치 공간이다.

아이들을 따라 센터 문을 열고 들어서는 순간 반사적으로 숨을 죽였다. 안내 데스크나 휴게실 정도가 있을 줄 알았던 1층에 도서관이 나타난 것이다. 앞서 들어갔던 아이들은 테이블 위로 책가방을 던져 두고는 옆 책장에서 보드 게임을 꺼내 한바탕 수다를 떤다. 그 옆 테이블에서는 연세 지긋한 할아버지께서 독서 삼매경에 빠져 있다.

은평구에 위치한 〈신나는애프터센터〉 전경
▼

누군가는 잡지를 보고, 누군가는 노트북으로 업무를 하며, 또 한 무리는 재잘대며 대화를 이어 간다. 도서관과 어울리지 않을 것 같은 이 풍경이 그들에게는 익숙한 듯하다.

"독서가 엄숙하고 불편한 것이 아니라 편하고 친근한 것이라는 사실을 전하기 위해 도서관을 1층에 두었고 '정숙'을 강요하지 않는다"고 총괄부장을 맡고 있는 강양숙이하 애벌레, 아이들과 직원 간의 벽을 허물기 위해 직원 모두 별칭으로 부른다. 애벌레, 오매, 굿데이, 단단, 반디, 보거스가 센터지기로 활동하고 있다 씨는 말했다.

〈신나는애프터센터〉의 건물 곳곳은 지역 학생들이 타일에 그린 그림과 대자보로 가득 채워져 있다. 지하 동아리방은 아이들의 이런저런 취미활동으로 시끌벅적하다. 방을 사용할 때는 예약을 원칙으로 하지만, 빈 방이 있으면 곧바로 사용할 수도 있다. 사용 기록 장부에는 이름과 인원 수, 태어난 해만 적으면 된다. 그 외에는 아무것도 따져 묻지 않는다. 이 지역 청소년이라면 누구든 조건 없이 쓸 수 있다는 말이다. 하루 평균 120여 명이 이용한다는 열린 공간은 저절로 만들어지는 것이 아니었다.

주인이 되다

지역마다 있는 여느 청소년들의 문화 공간과는 다른 이곳만의 매력은 무엇일까?

이에 대해 애벌레는 "공간이 사람을 모으고, 그 사람들이 프로그램들을 만들어 내는 것이 이곳만의 매력"이라고 말한다. 일반적으로

◀ 편견을 깨고 1층에 꾸민 작은 도서관

도서관 한 편에 준비된 각종 보드게임
▼

▲
센터의 모든 운영 주체와 주민이 함께한 센터 개관식

지역 센터에서 다양한 프로그램을 미리 짜 놓으면 그 후에 프로그램 참여를 희망하는 사람들이 모여들지만, 이곳은 사람들이 하고 싶은 것을 할 수 있는 공간을 제공하는 것에 중점을 둔다는 것. 그 가치의 중심에는 '자치'라는 핵심 단어가 있다.

  센터를 개관할 때조차 혁신적이었다. 2013년 1월, 센터지기들은 주민, 청소년, 공무원, 지역 단체 사람들로 꾸려진 개관준비위원회를 구성해 이 공간을 운영하는 데 대한 기획을 마련하는 일에 착수했고, 3월에 학생과 주민들이 함께 준비한 다양한 행사와 함께 문을 열었다. 주민들이 이웃을 부르고 학생들이 친구를 불러들여 마치 동네 축제처럼 진행되었다.

물론 센터에서 진행하는 프로그램이 없는 것은 아니다. 다만 그 모든 기획의 주체는 아이들이어야 한다는 원칙은 흔들림이 없다.

"기획을 하고 진행을 하는 것을 '청소년운영위원회'를 비롯한 청소년들에게 직접 맡깁니다. 이곳에 상주하는 여섯 명의 직원들은 청소년들이 도움을 필요로 할 때 길잡이 역할만 할 뿐이죠. 대신 잘한 일에 대해서는 격려와 응원을 아끼지 않습니다."

객체가 아닌 주체로서의 청소년. 교육의 대상이자, 보호의 대상이자, 관심의 대상인 그들이 이곳에서만큼은 대상이 아닌 주인으로서 존재한다는 말이다. 주어진 공간에서 무엇을 할지는 그들의 몫이다. 설립 당시 학생들 스스로 기획하고 제안하여 만들어진 10개의 동아리는 '각자의 역할'을 가지고 활동 중이다. 발전하는 것도, 도태되는 것도 그들 몫이다. 그러나 대부분은 취미를 공유하는 것을 넘어 센터의 운영에서부터 청소년 정책에 이르기까지 폭넓은 소재를 기획하고 토론하고 있었다.

너에게 배운다

이곳에서는 하고 싶은 것을 자유롭게 할 수 있다. 1층에 위치한 밴드실과 댄스 연습실, 미술실 그리고 2층에 위치한 동아리방에서 모두 10개의 청소년 동아리가 활동 중이다. 그중 '시사퍼즐'의 정기 모임에 함께하게 되었다. 얼마 전 시사퍼즐은 '은평의 청소년에게 필요한 것

▲ 시사퍼즐의 정기 모임 모습

◀ 시사퍼즐의 대표 서승연 학생

은?'이라는 주제로 오픈 컨퍼런스를 열어 청소년들이 제안한 324개의 아이디어를 모았다. 시사퍼즐은 이 아이디어들을 해결해 줄 수 있는 곳에 제안하려고 준비 중이다.

시사퍼즐은 대표인 서승연 학생을 포함해 다섯 명의 중3 여학생으로 구성되어 있다. 평소에 시사 문제에 대해 자주 얘기를 주고받던 두 학생이, 센터가 문을 열면서 동아리를 모집한다는 소식을 접하고는 뜻이 맞는 친구들을 더 모아 활동하게 되었다고 한다.

그날의 정기 모임에서는 그동안 센터의 청소년들이 제안했던 100개의 의견을 다섯 명의 회원이 분야별로 나누어서 정리한 뒤에 프레젠테이션을 하는 방식으로 진행했다. 그렇게 한 시간 반, 때때로 학생들은 주제에서 벗어나 학교에서 일어난 사소한 이야기에 정신이 팔리기도 했지만, 그들을 지켜보는 내내 '나는 지금 어른이라는 이름으로 세상과 잘살고 있는 걸까?'라는 질문을 하게 만든 시간이었다.

예를 들면 이런 것이다. 거리에 관리가 잘 안 되고 있는 화단이 있다. 어른이라면 아예 무관심하거나 화단을 없애고 주차 공간을 확장하자고 요구했겠지만, 아이들은 "학생들의 봉사활동 항목에 전단지 제거 같은 불필요한 사항을 빼고 화단 관리를 포함시켜서 학생들이 그곳을 오가며 물도 주고 돌보게 된다면 꽃도 좋고 학생들의 기분도 좋아질 것 아니냐"는 제안을 한다.

토론 후에는 이와 관련한 구청 담당 부서를 확인하고 구체적인 제안서를 제출하기 위해 준비한다. 반려동물과 함께할 수 있는 공간 마련, 청소년들에게 안전한 아르바이트를 제공할 수 있는 정보 제공처 마련, 지하철 유휴 공간을 이용할 수 있는 방법, 청소년 가출과 관련한 전문적인 심리 상담을 하는 공간 마련, 실질적인 학교 폭력 대응 방안, 교육감 선거에 일정 부분 청소년의 선거권 부여 요구 등 복지와 경제, 사회 그리고 교육 정책에 이르기까지 다방면에서 아이디어를 내놓는다. 자신의 목소리를 당당하게 내는 것은 물론이거니와 그 제안들이 실현될 수 있도록 구체화하고 직접 부딪힌다. 아이들은 진정한 사회 참여가 무엇인지 스스로 배우며 어른들이 먼저 챙겼어야 할 것들을 직접 해결해 가고 있다. 그들을 보면서 세상을 대하는 나의 소극적인 태도가 부끄러워졌다.

자기만의 방

내가 사는 동네가 안전하기 위해서는 어떤 것이 필요할까? CCTV? 높은 담? 경찰 순찰의 강화? 하지만 여기에 우리 동네가 보다 안전해지기 위해서는 나를 지켜 줄 수 있는 이웃과 얼굴을 익히는 것이 더 중요하다고 말하는 아이들이 있다. 그리고 그 아이들이 언제든지 편하게 모여서 놀아도 되고, 공부해도 되고, 춤을 춰도 되고, 토론을 해도 되는 공간이 있다.

언제부터일까. 한창 시끄럽게 떠들어야 직성이 풀릴 아이들의 목소리가 들리지 않는다. 하굣길 도로를 점령하고 있는 학원 셔틀버스의 늘어선 줄을 보면서 아이들에게 비자발적인 삶의 굴레를 씌우는 것이 합당한 것일까라는 생각이 들었다. 조금만 천천히 살아도 된다고,

성공보다 행복을 위해 살라고 가르쳐 본 적 있는가? 버스를 향하는 작고 지친 어깨의 행렬이 어른들의 욕망을 대신 짐 지고 있는 것 아닌가? 아이들에겐 분명 자기만의 방이 필요하다.

서울시 은평구 연서로 6길 7
02-353-7910
www.epyouth.org

숲의
아이들

가락본동 어린이집 **숲반**

> 아침 아홉 시, 오금공원의 숲 길.
> 대여섯 살쯤 된 꼬마들이 둘씩 짝지어
> 커다란 장난감 바구니를 옮기고 있다.
> 아직 뒤뚱거릴 나이에 익숙한 솜씨로
> 무게를 나누며 흙길 돌길을 걷는다.
> 무겁지 않느냐 묻자 듬직하게 "안 무거워요!"
> 하지만 목소리는 역시 아기다.

AM 9:00 어른이 더 서툰 길

서울 송파구 가락본동 어린이집 숲반^{원장 윤영란, 이하 〈숲반〉}의 아침은 이렇게 시작되었다. 〈숲반〉은 국내에서 구립으로^{송파구} 운영하는 첫 '숲 유치원'으로 송파구에서 먼저 기획해 모집했고, 가락본동 어린이집에서 5년째 운영 중이다. 교사 2명과 보조 교사 1명, 공익근무요원 1명이 아이들을 돌보고 있다.

비가 으슬으슬 오는 날이었지만 아이들은 비를 피하거나 당황하지 않는다. 익숙한 듯 우비를 꺼내 입고 걷는다. 어른인 나는 비에 젖은 돌을 헛디뎌 땅바닥에 엎어지는 바람에 핸드폰 액정까지 깨 먹었는데, 걷기 시작한 지 몇 년 되지 않은 이 아이들은 누구 하나 넘어지지 않고 잘도 다닌다. 〈숲반〉 아이들은 눈이 오나 비가 오나 숲에

▲
아이들은 눈이 오나 비가 오나 숲에 오기 때문에 이미 자연과 계절에 익숙하다.

오기 때문에 이미 자연과 계절에 익숙하다. 눈, 비, 햇살을 직접 겪고 온몸으로 계절을 맞이한다. 영하 15도 이하이거나 태풍이 올 때만 쉰다.

〈숲반〉 선생님인 '물방울^{임이레}'은 "선생님보다 아이들이 겨울에 오히려 잘 버텨요. 동물적인 감각으로 뭘 해야 하는지, 뭐가 위험한지 아는 것 같아요."라고 말한다. 활동량이 많아 근력이 좋아지는 것은 물론 울퉁불퉁한 길을 걸으면서 아이들은 평형감각을 익힌다. 그렇다, 숲에선 내가 더 서툴다.

AM 9:30 아이들의 생각이 흐르는 대로

"지렁이다! 물 때문에 살아 있나 봐요"

"지렁이가 돌 사이에 끼어 있어요. 집인가 봐요."

"밥을 먹으러 가려는 거 아닐까요?"

"잠깐 물만 마시고 집으로 가는 거 아니에요?"

지렁이 한 마리를 두고 다양한 의견들이 쏟아진다. 선생님은 "그런가?", "그럴 수도 있겠다." 하고 맞장구를 쳐 줄 뿐이다. 그럴수록 아이들은 주눅 들지 않고 자유롭게 의견을 피력한다. 아이들이 원하는 것은 정답보다는 발견에 대한 칭찬과 독려일 것이다.

일반 어린이집이나 유치원에서는 평이한 질문으로 월요일 아침을 시작한다.

"여러분, 주말에 뭐했어요?"

'놀이동산 다녀왔다', '엄마랑 할머니 집에 갔다', '동생이랑 놀았다'는 수많은 대답 속에서 주말 내내 아무것도 하지 않은 아이는 '나도 놀이동산에 다녀왔어요.' 하고 거짓말을 하게 된다. 친구들과 비교될 수밖에 없는 상황이 아이에게는 스트레스다.

그림을 그리는 시간이 있다. 선생님은 못하는 아이를 힐난하지는 않지만 잘하는 아이의 그림을 치켜들고 칭찬하게 된다. 그럼 아이는 그림을 잘 그려야 한다는 압박을 느낀다. 자발적이지 않은 어떤 공부도 편안할 수 없다. 그 안에서 아이들은 행복감을 느낄 수 있을까?

반면 〈숲반〉에서는 아이들에게 '하지 말라', '하라'는 말을 하지 않는다. 하물며 집합하라는 구호도 없다. 모여야 할 때가 되면 〈숲반〉 아이들은 누가 먼저랄 것도 없이 하나둘씩 노래를 부르기 시작한다.

"앵무새가 나무 위에 앉아 있어 왼쪽 눈을 감았다가 떴다 하네……"

노래를 부르는 동안 아이들은 점점 늘어나 널찍한 공터에 둥그렇게 모여 선다. 노래가 끝나자 어느새 아이들은 손을 맞잡고 서 있다.

주목하라는 구호도 없다. 한 아이가 "하나~ 둘~ 다섯?", "하나~ 둘~ 꽝!"하며 숫자 셋을 셀 듯하다 마는 것을 반복하면서 아이들의 시선을 집중시킨다. 그러다가 끝내 "하나~, 둘~, 셋!"하면 그 순간을 노리고 있었던 아이들 모두 "반장!!!"하며 그날의 반장을 부른다. 반장 아이가 한 명씩 지목하면 각각의 아이들은 순서에 해당하는 번호를 외치면서 출석을 확인한다. 모이고, 주목하고, 출결 체크하는 것까지 아이들 스스로 해결하는 것이다.

〈숲반〉에는 커리큘럼도 없고 영어는커녕 'ㄱ', 'ㄴ'도 가르치지 않는다. 아침 9시부터 그저 숲에서 스스로 노는 것뿐. 오후가 되면 부족하다 판단되는 부분만 전래놀이나 도감 읽기, 세시풍속 경험하기 등으로 보충할 뿐이다. 커리큘럼은 없지만 요일마다 '밧줄놀이', '소꿉놀이' 등의 다양한 테마가 준비되어 있다. 이것도 교사가 아닌 아이들이 스스로 좋아하는 놀이를 고르고 분류하여 요일에 따라 테마가 정해진다. 특히 한국적 정서를 심어 주기 위해 날씨와 계절을 반영하는 세시풍속과 전래놀이는 빠뜨리지 않는다.

선생님이 관여해 집중력을 흩뜨리거나 생각의 방향을 틀어 놓으면 아이들에게 욕구 불만이 생기기 마련이다. 아이들이 스스로 주도하고 주인공이 되게 해야 그게 진정한 놀이다. 놀이를 통해 아이들은 집중력을 발휘해 활동하게 되고 성취감도 맛보게 된다. 아이들의 자발적인 집중과 몰두를 방해하지 않는 것이 〈숲반〉의 원칙이다.

AM 10:30 어차피 장난감은 숲속에 널렸으니까

놀이 장소인 '이야기 숲'에 도착한 아이들은 각자 흩어지거나, 삼삼오오 모여 하고 싶은 놀이를 한다. 몇몇은 약간의 오르막 내리막을 끼고 있는 곳으로 이동한다. 그곳에는 흐르는 물과 웅덩이, 낙차가 있으므로 아이들이 다양한 놀이를 하기에 좋다. 아이들은 물을 막고 물을 모았다가 물길을 내기도 하고, 흙을 파서 퍼온 물을 붓는 등 여러 가지 활동을 한다. 비가 내린 날은 빗물이 가장 좋은 장난감이다.

비가 오면 비가 만드는 숲에서 놀고, 눈이 오면 눈이 만들어 놓은 숲에서 논다.
매일 날씨에 따라 다른 놀잇거리와 이야깃거리들이 생긴다.

비가 오면 비가 만든 숲에서 놀고, 눈이 오면 눈이 만들어 놓은 숲에서 논다. 매일 날씨 따라 다른 놀잇거리와 이야깃거리가 생겨난다.

"지금 뭐하고 있어?"

"요리하고 있어요. 물로 밥하려고요."

"물은 왜 나눠 줘?"

"어차피 물은 많으니까요."

"뭐해?"

"지렁이한테 미끄럼틀을 만들어 줘요."

숲속에서의 모든 놀이는 창의력을 기르는 과정이다. 진흙을 다져서 케이크를 만든다는 아이는 "오늘 누구 생일이라고 하면 어때?" 하며 자신의 상상을 나눈다. 그러는 과정에서 그릇을 서로 쓰려는 소란이 일어나자 한 아이가 중재를 한다. "지은아, 넌 그거 쓰고 있으니까 이건 소희 빌려 주자." 한 아이가 물길을 내는 일에서 열외 되자 다른 아이가 일을 주자며 나선다. 아이들이 동의하며 무슨 일을 나눌지 함께 생각한다. 생각하던 아이들은 "서현이는 흙을 파자!" 하고 말한다.

아이들은 무슨 놀이를 할까 계획을 세우며, 분업과 협업을 한다. 그러기 위해 다양한 대화를 한다. 그 과정에서 싸우기도 하지만 조율도 한다. 독일의 아동학자 셰츠 박사는 '숲에서의 활동은 자연과 계절의 변화에 따라 본인이 해야 할 역할을 자연스레 깨닫게 된다. 놀잇감이 없기 때문에 자연물을 이용한 창의적 놀이와 대화를 하게 된다. 이러한 과정에서 사회성과 언어 발달이 이뤄진다.'고 말했다《녹색 숲 유치원》, 이명환·김은숙 지음.

〈숲반〉의 아이들은 장난감을 더 갖겠다거나 자기 물건이라며 떼를 쓰지 않는다. 어떤 아이의 말대로 '어차피 물은 많고' 장난감은 숲속에 널렸으니까.

"얘는 여섯 살!"

손님인 나에게 다섯 살 꼬마 아이가 옆에 있는 여섯 살 형을 소개한다. 소개받은 자훈이는 "쟤가 아직 형이라는 걸 몰라서요."라며 어른스럽게 설명까지 해 준다. 〈숲반〉은 5~7세까지 혼합 연령으로 구성되어 있다. 조금 큰 아이들은 어린 아이들을 챙긴다. 배려받던 아이가 배려를 할 줄도 아는 법이다. 큰 아이들은 자기 안의 배려심과 리더십을 성장시키고, 어린 아이들은 빨리 커서 형처럼 되고 싶다는 기대감을 갖게 된다.

AM 11:00 아이들은 모르는 것이 없다

"아, 지네다!"

지네가 붙어 있는 나뭇가지를 살살 이동시켜 보기도 하고, 지렁이를 손으로 덥석 잡기도 한다. 생물과 자연에 대한 두려움이 없다.

"도토리! 이건 콩! 다 먹을 수 있는 거예요."

"선생님, 저기 돌나물 있어요!"

아이들은 모르는 게 없다. 나물 뜯는 여섯 살이라니!

"초코 케이크에 들어갈 재료예요. 이거 씻어야 돼요."

일의 순서도 잘 알고 있다. 아이들은 선생님이 시키지 않아도 가지고 놀던 장난감을 스스로 정리한다. 자기 가방을 챙길 줄 알며 비옷도 스스로 챙겨 입고 간식 시간이 되면 혼자 손을 씻는다. 거친 숲의 돌부리를 피해 걸을 줄 알고, 양보해야 하는 것과 대화해야 하는 타이밍을 안다. 장난감이 든 바구니를 땅바닥에 질질 끌며 걷다가도 선생님이 "가방을 땅에 끌면 가방이 어떻게 될까요?" 하고 물으면, "구멍이 나요." 하며 얼른 자세를 고친다.

아이들이 숲에서 배운 생활은 집에 가서도 연장된다. 집안일을 스스로 돕고 짜증을 부리거나 떼를 쓰지 않는다. "정서가 불안하고 공격적 성향을 보이는 아이들에게 바깥놀이를 회복시키는 일은 '늦게 잠자기-아침 식사 거르기-생체리듬의 혼란'이라는 악순환을 극복하는 첫걸음"이라고 일본의 아동학자 다카이 히로미는 말했다.

PM 1:00 줄 서는 〈숲반〉

〈숲반〉의 학부모들은 흙투성이 아이를 기꺼이 끌어안아 주고 더러워진 옷을 기쁘게 갈아입힐 줄 아는 사람들이다. 그러나 처음부터 학부모들이 흙투성이 아이들을 끌어안아 준 것은 아니었다.

2010년 처음 〈숲반〉이 개설되었을 때, 가장 힘들었던 것은 학부모들의 반발이었다. 아이들을 방치한다는 불신, 왜 공부를 시키지 않느냐는 항의, 숲에서 영어로 수업하라는 요구 등은 〈숲반〉이 지향하는 철학과 맞지 않았다. 윤 원장은 학부모로부터 A4 용지 네 장짜리 민원도 받아 보았다. 그러나 한 학기가 지나 학부모들이 〈숲반〉과 집에서 아이들의 변화를 목격하면서 불만은 사라졌다. 대신 입학 시즌과 관계없는 엄청난 대기자들이 생겨 새로운 고민을 안게 되었다.

실제 구립 가락본동 어린이집이 아산병원과 함께 일반 반과 〈숲반〉의 아이들을 구분해 인지, 사회성, 공격성, 수면 개시 시간^{수면습관성}, 부모 양육 스트레스, 행동 발달 등 여섯 가지 항목을 6개월 동안 검사한 결과, 〈숲반〉 아이들이 네 가지 항목에서 일반 반의 아이들보다 뛰어난 것으로 나타났다.

워낙 경쟁률이 높기도 하지만 놀이중심 아동주도형 〈숲반〉의 교육 철학을 100퍼센트 이해해야 하기 때문에 지원자들을 대상으로 세 시간여에 걸친 설명회를 갖는다. 선발 후에도 학부모와 원장의 일대일 면담을 통해 철저하게 〈숲반〉의 철학을 공유한다.

일 년에 천여 명의 방문객이 왔다 간다는 이곳 〈숲반〉의 윤 원장은 방문객들에게 늘 '웅덩이를 피해 다녀라, 옷 버린다.'며 흉내만 내는 〈숲반〉을 운영할 거라면 아예 만들지 말라고 말한다. 부모의 자랑, 선생의 보람이 아니라 아이의 행복을 바라보는 눈을 떠야 한다고.

"오늘은 무엇이 되고 싶어요?"라는 '무지개^{교사 김혜진}'의 질문에 "나무요!"라고 한 아이가 외치자 소꿉놀이하는 게 제일 재미있다는 별이, 여행을 떠난다며 숲을 뛰어다니던 기택이와 예준이와 지율이, 혼자서 우비 입는 연습을 하던 휘재, 처음 보는 나에게 먹어 보라며 자기 간식을 내밀던 나은이 모두 각자의 모양대로 바람에 흔들리는 나뭇잎을 흉내 내며 숲길을 내려간다.

서울시 송파구 송이로 17길 46
02-403-0405(6)

너무 무르지도
단단하지도 않는 재미

제주도 게스트하우스 **쫄깃쎈타**

마치 투명한 협재 바다로
유유히 헤엄쳐 갈 것 같은 고래 모양의 친근한 건물.
재미있는 일이라면 두 팔 걷고 나서는
쫄깃패밀리들이 운영하는 게스트하우스다.
쫄깃한 일상을 위한 쉼,
재미있는 내일을 꿈꿀 수 있는 공간이다.

내일이 재미있어지는 공간

우린 너무 촘촘하게 살고 있는지 모른다. 상사에게 쩔쩔매고, 연인에 마음 졸이고, 잘릴까 봐 전전긍긍한다. 단순하고 재미있게 살아야 한다는 건 안다. 실천하기 어려워서 그렇지. 여기 깃털처럼 날아갈 듯 가볍게 사는 이들이 있다. 바로 메가쑈킹^{고필현}과 쫄깃패밀리^{이하 쫄패}.

재미있는 일이라면 돈을 많이 못 벌어도 두 팔 걷고 나서는 만화가 메가쑈킹을 중심으로 쫄패들이 만든 게스트하우스가 있다. 그곳에 가면 축축 처져 있는 내 인생이 조금은 가뿐해질 것 같다. 여기에서는 뭘 해도 좋고 뭘 하지 않아도 괜찮다. 이것이 〈쫄깃쎈타〉를 가장 잘 즐기는 방법이다. '쫄깃'은 너무 딱딱하지도 너무 무르지도 않은 적당히 탄력 있고 재미있는 상태로 행복하게 살자는 의미다. 이곳에서만큼은 마음이 좀 풀어져도 괜찮다. 쫄깃한 일상을 위한 쉼, 재미있는 내일을 함께 꿈꿀 수 있는 공간이다.

〈쫄깃쎈타〉의 문은 활짝 열려 있고 늘 북적북적하다. 제주에 우후죽순으로 생겨나는 게스트하우스 중에서 진정 제주란 섬의 매력을 느끼고자 하는 이들이 한번 발을 들여 놓으면 또다시 찾는 공간이기 때문이다. 그래서 제주가 자꾸 자꾸 그리워지게 된다.

힘내지 않아도 괜찮아, 그냥 즐겨

2011년, 물빛 예쁜 협재 바닷가 앞에 하얀 각설탕 같은 건물 하나가 만들어졌다. 건물 한 면에는 바다색을 닮은 귀여운 고래가 그려져 있다. 마치 바다를 향해 헤엄이라도 치듯.

제주도에는 3백~4백 개의 게스트하우스가 있다. 전직 PD, 요리사, 여행 작가 등 다양한 직업을 가진 사람들이 게스트하우스를 운영한다. 만화가가 하는 게스트하우스? 솔깃했다.

게스트하우스 안에서 여행자 같기도 한 메가쑈킹은 웹툰 작가이지만 현재는 작업을 하

▲
제주시 한림읍 협재 해수욕장 앞에 위치한 게스트하우스 〈쫄깃쎈타〉 전경.
금방이라도 협재 바다로 헤엄칠 기세다.

지 않는다. 조급하거나 쫓기면서 작업을 하지 않는다는 신념을 지키고 있다. 게스트하우스를 운영하고, 아주 잠깐 티셔츠를 팔기도 했지만 그의 본업은 엄연히 만화가다. 만화 《애욕전선 이상 없다》와 《탐구생활》을 그렸다. 단, 2010년 4월 연재를 끝으로. 여전히 그의 만화를 기다리는 독자는 많지만 작가는 얄밉게도 이를 외면하고 있다.

이곳을 운영하는 쫄패는 모두 다섯 명. 요일을 정해서 하루에 네다섯 시간을 넘지 않게 일을 한다. 거기다 4일은 일하고 3일은 쉴 수 있다. 2년 반 동안 이런 운영 체제를 지켜 왔다. 자연스레 그들은 게스트처럼 느긋한 삶을 즐길 수 있다.

〈쫄깃쎈타〉는 놀기 위한 아지트를 만들자는 의도에서 시작했다. 홍대에서 술 마시고 놀다가 '조금 더 싸게 술을 마실 수 없을까?' 고민하다 서울에서 가장 먼 제주까지 내려오게 되었다.

메가쑈킹의 아는 동생 브루스와 워너니가 함께 제주 정착기를 계획했다. 정착금을 마련하기 위해 메가쑈킹 얼굴이 떡하니 박힌 티셔츠를 팔았다. 트위터를 통해서만 5백 장의 티셔츠가 불티나게 팔렸다. 그 소소한 정착금을 가지고 무작정 제주로 떠났다. 〈쫄깃쎈타〉를 지을 곳을 물색하기 위해 그들은 두 발로 제주 곳곳을 누벼야 했다. 이렇게 브루스와 도시락을 싸 들고 제주 곳곳을 다니는 여행이 시작되었다. 그들에게 1만 원짜리 오분자기는 사치였다. 도시락이라고 해봤자 밥, 김치, 깻잎조림, 김 같은 것들이 전부였지만^{가끔 고기가 당길 때는 소시지를 추가했다}, 제주에서는 어디서 뭘 먹든 꿀맛이었다. 이때 제주라면 안 가 본 곳이 없을 정도로 모든 땅덩이 구석구석 밟고 다녔다.

▲
〈쫄깃쎈타〉를 이끌어 가는 쫄깃패밀리

한적한 곳에 게스트하우스를 지으려고 했지만 그들에게 들어온 매물은 관광지인 협재 해수욕장 근처의 우중충한 건물이었다. 그나마 옥빛의 협재 바다가 내다보여 다행이었다. 바로 리모델링 공사를 착수했고 함께할 봉사자를 찾았다. 평생 〈쫄깃쎈타〉 숙박권과 제주 맛걸리^{제주 쌀막걸리를 쫄패들은 이렇게 부른다. 얼마나 이 막걸리를 좋아하는지!} 무한 제공이 조건이었다. 수많은 지원자가 몰렸다. 그렇게 뽑힌 쫄패들 중 일부는 지금까지도 게스트하우스를 지키고 있다.

전직 통신 설비업체 직원인 박준석 씨는 맏형으로, 넉넉한 마음의 소유자다. 전직 카피라이터인 이윤석 씨는 게스트하우스에서 가장 환영받는 재능, 요리를 잘한다. 제주에서 태어나 열 살까지 제주시민으로 살았던 브루스는 제주에 대한 애착이 가장 크다. SG 워너는 사업 경험이 많아 자칫 느슨해질 수 있는 운영의 기틀을 잡는다. 이들은 모두 제주를 사랑한다는 공통점을 가진 사람들이다.

공동으로 게스트하우스를 운영하면서 별 트러블은 없다. 또 경제적인 부분 또한 걱정하지 않는다. 제주에서의 생활이 서울에서의 생활보다 여유롭기 때문이다.

느긋한 삶을 즐기는, 놀기 위한 아지트

〈쫄깃쎈타〉는 게스트들이 한데 어울리기 좋은 공간이다. 저녁이 되면 바다가 보이는 큰 창 아래 옹기종기 모여 이야기를 나누기도 하고 바로 앞에 바닷가에서 맥주 한 캔을 마시기도 한다. 게스트들 사이

▲
〈쫄깃쎈타〉에서 바라본 협재 바다의 풍경.
액자에 담긴 근사한 작품 같다.

의 분위기는 그날그날에 따라 자연스레 흘러간다. 메가쑈킹은 개성이 아주 강한 이 게스트하우스를 되레 "특색 없는 게스트하우스"라고 말한다. 너무 다양한 게스트들이 찾아와서일지도 모른다.

게스트 중 '자찾생'은 큰 이슈를 낳았다. '자아를 찾으러 온 중학생'인 그가 쫄패들에게 처음 던진 한마디는 "PC방은 어디 있어요?"였다. 트위터를 통해 〈쫄깃쎈타〉 탄생을 지켜본 어머니가 아이의 정

129

신 개조를 위해 이곳으로 보낸 것이다. 하루하루 자아를 찾아가는 이 학생을 보러 일부러 〈쫄깃쎈타〉에 찾아오는 사람도 있었다. 이곳이 단지 숙박을 위한 곳만은 아니라는 이야기다.

〈쫄깃쎈타〉는 6~8명이 묵는 '기숙사'라 불리는 도미토리가 대부분이다. 단 하나밖에 없는 커플룸 '애기공장'도 있다. 말 그대로 '애기를 만들어 내는 장소'라는 뜻도 되지만 한자로 사랑 애愛와 기운 기氣를 써서 '사랑의 기운이 가득한 장소'란 의미도 된다. 침대 앞 창문을 열면 끝도 없이 펼쳐져 있는 협재 바다와 외딴 섬 비양도의 풍경을 볼 수 있는 〈쫄깃쎈타〉의 명당 중 명당이다. 이곳에서 머물기가 하늘의 별 따기보다 힘들 만큼 예약률이 높다. 혼자 묵어도 의미가 있다. 창밖으로 펼쳐지는 옥빛 바다를 보며 잡념을 떨쳐 버리기 좋은 곳이다.

게스트하우스에서 기대되는 것 중 하나는 조식이다. 흔한 토스트부터 가정식 등 다양한 메뉴가 게스트들의 아침을 깨운다. 〈쫄깃쎈타〉의 조식은 특별하다. 이름부터 수상한 '메뚜기 수프'가 그 주인공. 메가쑈킹이 직접 끓인 ○뚜기 인스턴트 수프에 건더기가 듬뿍 곁들어져 한 그릇만 먹어도 든든하다. 큼직하게 썬 제주산 감자와 양파, 마카로니에 청양고추를 넣어 걸쭉하게 끓인 수프는 전날 과음한 게스트들에게 열렬히 환영받는 메뉴다.

이곳은 하루 종일 있어도 심심하지 않다. 1층 거실에는 출판사와 게스트들이 보내 주는 따끈따끈한 책들이 넘쳐난다. 단, 〈쫄깃쎈타〉에서 재미있게 지내려면 룰을 지키는 것이 필수다. 다른 게스트에게 피해를 주면 안 된다. 아무리 시끌벅적하다가도 밤 11시만 되면 불이 꺼진다. 거실은 24시간 개방이라서 잠이 오지 않으면 조용히 독서를 즐길 수 있다.

한 달에 두 번 정도 공연도 열린다. 부침개를 먹으며 공연을 감상하기에 '부침개 콘서트'라 불리는데 매번 수십 명이 몰린다. 스피커 없이 하는 공연이기 때문에 좋아하는 밴드의 목소리를 고스란히 생으로 들을 수 있다. 공연의 주인공이 누구인지는 한 시간 전까지 비밀에 부쳐진다. 여자 친구에게도 가르쳐 줄 수 없단다.

◀◀
〈쫄깃쎈타〉 곳곳에
붙어 있는
손님들의 흔적.
즐거움이 묻어난다.

더 재미있는 건 없을까?

"앞으로 어떻게 꾸려 나가야겠다는 계획보다는 매일매일 재미있게 하다 보면 잘되지 않을까 싶어요. 하고 싶은 재미난 일이 생기면 그걸 하고 싶어요."

지금 메가쑈킹이 꽂힌 것은 제주의 맛집이다. 그리고 궁극적인 꿈은 재미있는 중년 남자가 되는 것이다. 이곳은 스태프도 제주 생활을 즐기면서 일을 한다. 그러다 보니 많을 때는 40~50명씩 스태프에 지원을 한단다. 이들 중 재미있는 경험을 하고 싶은 긍정적인 사람을 뽑는다.

비록 지금 힘들어도 조금만 버티면 언젠가 행복해지겠지……. 여기서는 '웃기는 소리!'다. '한 번 뿐인 인생, 지금 당장 쫄깃하게!' 보내야 한다. 〈쫄깃쎈타〉 앞에는 생지옥이 있다. '생각을 지우는 옥빛 바다'가 그것. 그들이 행복해질 수밖에 없는 환경이다. 그 앞에서 마시는 맥주 한 잔으로 모든 고민을 훌훌 날려 버릴 수 있다. 어쩔 때는 "힘내!"라는 말보다 "그래, 힘내지 않아도 괜찮아."라는 말이 더 와 닿기도 한다.

제주특별자치도 제주시 한림읍 협재1길 27
010-3230-1689
www.jjolkit.com

책과 놀이와 공동체

서점 **동네책방 개똥이네 책놀이터**

서울에서 가장 번화한 곳 중 하나인
홍대, 합정역 부근에서 조금 걸어 들어왔을 뿐인데
꽤 한적하고 차분한 주택가가 펼쳐졌다.
기말 고사를 준비하는 학생들이 참고서를 들고
동네 카페에 모여들고, 이웃 엄마들이 식당에서 모임을 갖고,
어린이들은 자전거를 타거나 강아지를 데리고 내 곁을 스쳐 지난다.
그 소리들이 사라지는 틈새를
참새 소리가 메운다.

책방이 사라지고 있다!

10년 새 우리나라 서점의 27퍼센트가 사라져 문구 판매와 겸업하지 않는 순수 서점의 수는 1,625개로 줄었다고 한다. 특히 50평 미만인 소형 서점의 감소가 전체 서점 감소량의 96.7퍼센트를 차지한다 한국서점조합협회, 2013년 말 기준.

어디 서점뿐이겠는가? 자본주의 시장에서 규모의 문제는 전 세계 소상인들을 힘들게 한다. 대기업이 막대한 자본으로 밀고 들어오는 각종 프랜차이즈 상점들 속에서 기댈 자본 없는 작은 가게들은 매일 살아남기 위한 전쟁을 벌인다. 특히 독서 인구가 적은 우리나라에서 서점은 더 큰 딜레마를 맞닥뜨리고 있는 것이다.

미국 남부의 폐광촌에서 책방을 개업한 부부의 고군분투를 그린

책《빅스톤갭의 작은 책방》을 보면 소상인들은 마을 공동체에서 생존의 대안을 찾고 있다. 빅스톤갭이라는 동네에서는 책방이 등장했다는 것 자체가 빅뉴스일 정도로 문화적으로 척박했다. 빅스톤갭이 서점을 중심으로 마을의 문화 공동체를 열었다면, 서점 〈동네책방 개똥이네 책놀이터〉이하 〈개똥이네〉는 성미산 마을을 기반으로 공동체를 더욱 공고히 하며 주변 마을로 영향력을 넓히는 방식을 택했다.

성미산 마을의 개똥이들

공동 육아육아 품앗이를 시작으로 대안학교, 주택조합, 생활협동조합, 마을화폐에 이르기까지 생활의 한계와 제도가 해 주지 못하는 빈틈을 스스로 해결해 온 지 20여 년에 접어든 성미산 마을. 서울 성산동에 위치한 이 마을의 중턱에 서점 〈개똥이네〉가 있다. 오래된 단독주택 마당에 들어섰을 때, 몇 명의 꼬마들이 쭈그려 앉아 개미를 구경하는 중이었고, 동네 주민 한 명이 아이들과 앉아서 이야기하고 있었다. 아마도 모여 노는 꼬마들 중 한둘의 엄마일 텐데 공동 육아로 유명한 마을답게 이웃의 여러 꼬마들을 데리고 담임선생님처럼 놀아 주고 있었다. 싹싹한 이웃은 마당을 둘러보는 내게 "마당이 작아서 놀 데가 여기뿐이에요. 안에 들어가 보셔도 돼요."라며 웃어 주었다.

서른 평쯤 되는 공간은 리모델링을 해서 시원하게 트였고, 책 공간과 단출한 아일랜드 주방을 갖춘 카페 공간으로 나뉘어 있다. 그리고 현관에서 정면으로 보이는 지하로 내려가면 계단형 서가가 있는 공

▲
서울 성산동에 위치한 성미산 마을 공동체의 서점
〈동네책방 개똥이네 책놀이터〉

간이 나오는데 이곳은 〈개똥이네〉의 놀이터이자 어른과 어린이 구분 없이 사용하는 작은 도서관이다. 계단참에 신발을 벗고 들어가는 형태로 바닥에 털썩 주저앉아 책을 읽거나 놀 수 있는 구조다. 또한 긴 좌식 테이블이 있어 10~12명 정도의 인원이 함께 토론이나 수업을 할 수도 있다. 뿐만 아니라 강좌나 모임이 가능한 방과 아이들 키 높이에 맞춘 세면대가 나란히 여러 개 붙어 있는 세면실 겸 화장실이 있다.

때마침 아이들과 엄마들이 빗속을 뚫고 책 읽기 모임을 하러 왔다. 보리출판사에서 출간하는 《개똥이네 놀이터》 당월 호에 나오는 생태 미술 놀이를 함께 해 보기로 했단다. 좌식 테이블 위에 유리그릇 여러 개가 놓인다. 새까만 오디가 담긴 그릇, 풋감이 담긴 그릇, 버찌가 담긴 그릇……. 아이들의 간식거리인 동시에 물감이나 크레파스 대신 사용하는 그림 재료다.

아이들은 도화지를 펴 놓고 오디를 뭉개어 엄마를 그리고 자기를 그린다. 버찌를 뭉개서 아웃라인을 색으로 채워 넣기도 한다. 열매를 주워 먹느라 바쁜 아이도 있다. 의외로 색깔이 잘 나지 않는 풋감 조각으로 파도를 그려 넣는 아이도 있다.

뭐니 뭐니 해도 아이들에게 최고의 재미는 오디를 먹고 혓바닥이 새까매진 걸 보며 서로 놀리는 거다. 혀를 내밀며 깔깔대느라 바쁜 아이들이 그림을 그리든 놀든 먹든 누구도 말리지 않는다. 그림을 완성하는 데 의의가 있는 것이 아니라, 노는 것 자체가 목적이다. 더불어 계절 과일의 식감과 촉감, 색감을 느껴 보는 것에 의의가 있다.

차분하게 앉아서 그림을 그리던 아이는 오디 즙에 손을 적셔 손바닥 도장을 찍었다. 단풍 같다.

부모들의 추억과 아이들의 감성을 키우는 책방

'좋아하는 책을 탐독할 때 생각은 먼 곳을 여행한다. 그래서 책은 여행의 입구다.'라고 일본 작가 이시다 센은 말했다. 책을 보며 했던 상상과 공상은 엄마 없이는 어디도 떠날 수 없는 어린아이에게 최고의 여행이자 경험일 것이다. 책과 함께 여행을 떠났던 아이들은 잠재적 도서 구매 인구다. 책을 만난 경험이 없거나 적은 아이들은 독서 인구로 성장하기 어렵다.

〈개똥이네〉의 정영화 대표는 책과 섞여 지내며 직접 골라 읽는 경험을 한 아이들이 자라서 책을 읽고 소비할 줄 안다고 믿는다. 물론 부모들도 마찬가지다. 아이가 책을 읽기만을 바라지 말고 직접 책을 고르고 읽는 모습을 보이며 함께해야 한다. 아이들이 책을 만나는 경험은 이곳에서 놀이와 더불어 자연스럽게 이루어지고 있었다. 방학 때에는 '올챙이 기자단', '맛있는 책 여행', '책 읽어 주는 엄마', '꼬물꼬물 바느질', '책을 훔친 미술깨비', '전래놀이' 등 더 다양한 프로그램이 펼쳐진다. 이 프로그램들은 동네 아이들뿐 아니라 성서, 성산, 성원, 서교, 성미산, 홍익 등 다양한 학교의 다양한 연령대 아이들을 아우르고 있다.

아이들이 그림을 완성해 갈 무렵, 지하로 젊은 아빠들이 모여들기 시작한다. 옆방에서 매월 1회씩 진행되는 아빠 모임이 있단다. 성미산 나들이, 독서 공유, 심리 해소 프로그램 등 강좌마다 다른 내용으로 다양하게 진행되는데 이날은 아이들을 위한 목공 완구 수업이 있었다.

30대 초반에서 40대 초반으로 보이는 아빠들이 모였다. 새로운 모든 일은 '수다'로부터 시작되더라는 성미산 마을극장 유창복 대표의 말처럼 〈개똥이네〉의 많은 모임과 콘텐츠는 정 대표와 엄마들의 수

▲
책 읽기 모임 시간에 공동 육아 엄마들이 아이들과 함께
오디와 풋감으로 그림 그리기를 하고 있다.

다로부터 태어났다. '서울시 우리 마을 공동체 사업'^{시장 박원순}의 지원을 받아서 동네 엄마들이 천연 비누 만들기 수업을 했는데, 그 안에서 아빠들도 모이게 하자는 데 중지가 모이면서 아빠 모임도 시작되었다고 한다.

책 읽기 모임에 온 '너굴뽕'이라는 별명의 주부^{성미산 마을은 이웃 간의 동등한 관계 형성을 위해 아이나 어른 모두 별명으로 부른다}는 육아를 도외시하는 혹은 육아에서 소외된 아빠들이 과연 참여할까 의구심을 가졌는데, 지금은 그 어떤 모임보다 돈독한 모임으로 자리 잡았다고 전한다.

〈개똥이네〉는 들락날락하는 동네 엄마아빠들과 아이들로 비 오는 주말도 바빴다. 하지만 방문객의 수가 곧 책방의 매출로 이어지는 것은 아니다. 카페 공간에서 제공하는 커피는 맛이 꽤 괜찮았지만, 책방에 온 손님들을 위한 서비스 차원에서 제공되는 거라 고작 2천 원 선이다. 책은 총판이 아닌 출판사와 직거래를 하지만 한 권당 마진이 많지 않다. 도서 문화를 위한 정책이 어서 빨리 생기기를 기다리며, 더 많은 사람들이 책을 읽기를 바라는 수밖에 없다.

프랑스 서점조합 대표 기욤 유송은 "프랑스에서는 책은 곧 문화라는 인식이 사람들에게 자연스럽게 배어 있다. 책이 없어지면 출판사가 없어지고, 출판사가 없어지면 작가들이 없어지며, 작가들이 없어지면 책 읽는 사람도 없어진다. 공공 기관에서 동네 책방을 돕는 이유는 책방이 문화적인 역할을 갖고 있기 때문이다."라고 말한 바 있다.^{KBS1 라디오 특별기획 〈오늘의 책, 길에서 만나다〉} 그의 말에 빗대어 보면 〈개똥이네〉는 좋은 책을 선정하고 판매해서 독서 인구를 키우고, 책을 사는 아

목공 완구 만들기 수업.
성미산 마을 젊은 아빠들의 소모임에서
아빠들은 서로 교류하며
적극적인 육아와 가정생활을 하는 법을 배워 간다.

이들을 키우는 대한민국 독서 문화의 전진 기지 역할을 버겁게 이어 가고 있는 것이다.

영화 〈유브 갓 메일 You've Got Mail〉의 감독 노라 에프론은, 영화의 실질적인 주인공은 사랑에 빠지는 남녀가 아니라, 대도시에서 만나기 힘든 소규모 마을 공동체 같은 '어퍼웨스트사이드'라는 동네 자체라고 말했다. 〈개똥이네〉 역시 그렇다. 인구 천만의 서울이라는 도시에서 자란 이 아이들의 향수鄕愁 갈피갈피에서는 책장에서 풍기는 종이 냄

145

▲
책을 살 때는 성미산 마을의 화폐인 '두루'로 계산할 수 있다.

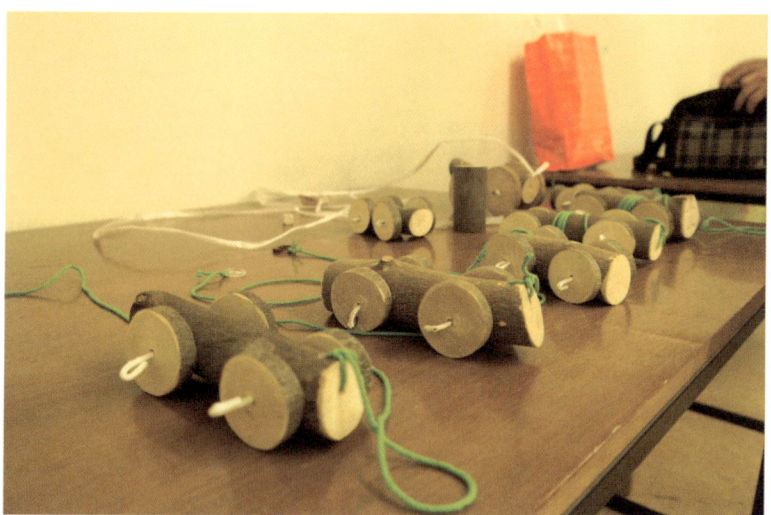

▲
아빠들이 아이들을 위해 만든 목공 완구

새가 가득할 것이다. 이 아이들의 감성은 책방에서 자랐고, 부모들의 추억도 책방에서 쌓였으니.

〈개똥이네〉 마당은 풋감이 군데군데 매달린 감나무 덕분에 따뜻한 느낌이었다. 간만에 콘크리트를 덮지 않은 흙 마당을 본다. 흙 마당이 사라지듯 서점도 사라져 간다. 어디서부터 해결해야 할까? 나는 아이들의 웃음소리와 사람들의 수다가 가득한 이 책방이 아주 오래오래 남기를 바란다. 아이들과 부모들이, 이웃들이 함께 추억을 만들던 고향으로서의 책방. 그리고 이곳을 닮은 책방들이 많아지기를 간절히 바란다.

서울시 마포구 성미산로 3나길 16
02-338-0478

도시 곁에서

고향이 되어 주는 곳

관광농원 **부부농원**

드라이브를 나서면
어머니는 여기저기 차를 세우게 하여 장을 보셨다.
세상 많은 어머니들의 나들이가 그렇듯
마무리는 늘 가족이었다.
그런 길에서 우연히 들른 인연으로
15년째 고향집처럼 찾는 농원의 이야기다.

흥정조차 미안한 농부의 정이 있는 곳

유난히 고속화 도로를 싫어하는 요상한 운전 취향 탓에 동두천 방향에 위치한 외할머니 묘소를 찾을 때면, 시원하게 뚫린 외곽고속도로를 두고 조금 늦어지더라도 구파발을 지나 장흥을 향하는 지방도로를 이용하곤 했다. 계절마다 바뀌는 북한산을 뒤로하고 달리면 양 옆으로 이어지는 화훼 단지의 각양각색 꽃들을 구경할 수 있다. 허브 농장이나 버섯 농장 그리고 개울이 있어 마음이 여유로워지는 길. 중간중간 보이는 농원들에서는 직접 키운 농산물을 내놓고 주말 나들이객들의 발길을 붙잡는다.

서서히 사람들의 발길이 많아지는 은평 뉴타운을 지나 장흥 방면으로 10여 분 달리다 보면 왼쪽으로 〈부부농원〉 안내판이 보인다.

▲
〈부부농원〉의 평일은 체험학습을 온 아이들로,
주말은 농산물 구입을 위해 찾은 손님들로 언제나 북적인다.

지금이야 소비자들과 직거래할 수 있는 농원들이 많아졌지만, 1979년 오픈한 〈부부농원〉대표 박경남, 이하 〈농원〉은 국내 최초의 관광농원이다.

 김장철이 다가오는 주말이라 〈농원〉은 매우 북적였다. 주로 가족 단위의 고객들이 밭에서 직접 뽑은 배추와 무가 연신 계산대로 이동했다. 〈농원〉은 직판장과 다양한 채소가 자라는 밭과 비닐하우스, 작은 동물원과 꽃길, 원두막 그리고 작은 근대사 박물관으로 구성되어 있다. 직판장에서 농산물을 살 수도 있지만 단골손님들은 주로 밭으로 가서 원하는 채소를 직접 딴다. 통제하는 사람 없이 내 밭을 누비는 것 같은 자유 수확의 맛! 때로는 봉지가 비치되어 있기도 하고 가끔은 바구니를 건네주기도 하는데, 그 안에 원하는 채소를 필요한 만큼 따서 담아 오면 '농부만의 계산기'로 가격을 낸다.

 그 계산이 계산이랄 수 없는 게, 밭에 가격표가 붙어 있는 것도 아니고 크기별로 포장을 해 놓은 것도 아니니 가격은 그때그때 다르다. 다만 한결같은 것은 흥정을 하는 것이 미안할 만큼 인심이 넉넉하다는 점이다. 농사라는 것이 한 번 씨를 뿌리면 수확하는 순간까지 손을 뗄 수 없고, 사람의 힘만으로 되는 게 아니라 하늘의 도움이 필요하다. 휴무 없이 일하는 노동 시간과 정신적 스트레스까지 계산한 가격인지 내가 다 걱정스러울 정도다.

 엄마와 아빠가 수확을 하고 구매를 하는 동안 아이들은 원두막이나 닭과 토끼를 구경할 수 있는 작은 동물원을 돌아다니고 주인장이 직접 만든 시소와 그네를 뛰며 논다. 흙 한 번 밟지 못하고 살아가는 아이들에게 이만한 휴일이 없다. 흙을 밟고, 그네를 뛰고, 원두막에

◀
〈부부농원〉에서 수확된 각종 먹거리들

오르며, 채소를 만져 보고, 숲과 풀과 가축의 냄새를 맡는다. 당근은 슈퍼마켓에서 태어나는 것이 아니라 흙에서 나는 것임을 눈으로 보게 된다. 인간의 원초적인 기쁨이라는 수렵과 채집의 맛을 알게 된다. 우리 어린 시절 방학이 되면 시골에 가서 하던 진기한 경험을 하게 되는 것이다.

사시사철, 땅의 이벤트
〈농원〉의 박 대표는 작고 다부진 체구에 까맣게 볕에 그을린 모습이 천생 농부다. 어린 나이에 농업의 길로 들어선 그는 단 한 번도 농업 외의 길로 외도를 하지 않았다. 농사에 미래가 없다는 말을 믿지 않았다. 다만 그가 꿈꾸는 것은 단순한 농업만은 아니었다. 농업으로도 먹고살 수 있다는 것을 보여 주겠다는 결의가 있었다고 한다.

장흥 토박이인 그는 농업에 대한 새로운 전망을 안고 도로변에 원

두막을 지어 농작물을 직접 판매하기 시작했다. "도시 근교에서 도시민들이 좋은 공기에서 휴식도 취하고 직접 재배한 싱싱한 농산물을 구매도 하며 체험까지 할 수 있는 복합적인 농업"을 시작했고, 이에 '관광농업'이라는 이름을 붙였다. 직거래가 아닌 농협이나 중간 유통상을 통한 거래에 익숙하던 그 시절, 마이카 시대가 도래할 것이라는 박 대표의 확신이 이 일을 시작하게 했다. 1975년 12월, 현대의 포니가 최초로 생산되었다는 사실을 떠올리면, 고작 4년 후에 그가 한 예상이 얼마나 큰 모험이었는지 쉽게 짐작할 수 있다.

〈부부농원〉의 개원 표지석

하지만 당시의 현실은 원대한 꿈처럼 그리 호락호락하지 않았다. 지금이야 잘 정비된 도로를 통해 쉽게 접근할 수 있는 곳이지만 당시만 해도 장흥은 꽤나 접근이 어려운 지역이었다. 이런 상황 속에서 고민을 이어 가던 중 그의 눈길을 잡은 것이 있었다. 근처에 위치한 장흥 유원지의 야외 수영장을 찾는 단체 관광버스들이었다. 아이디어를 얻은 그는 바로 전화번호부를 뒤져 서울과 근교에 위치한 유치원 리스트를 확인해 주소를 알아내고 곳곳에 직접 만든 〈농원〉 안내장을 발송했다. 그리고 얼마 후 많은 유치원들로부터 문의 전화가 쇄도했고 그 노력은 결실을 맺었다.

단순히 수영장만을 즐기는 소풍이 아니라 농장에 들러 직접 딸기와 감자 등을 따 보는 값진 체험을 할 수 있으니 일석이조. 게다가 그 품질 좋은 수확물이 각 가정으로 전파되며 학부모들까지 끌어 모으게 됐다.

봄이면 다양한 쌈 채소와 싱싱한 딸기 따기 체험, 여름이면 탱글탱글한 포도와 토마토, 그리고 알알이 따라 올라오는 감자 수확, 가을에는 고구마와 커다란 호박, 겨울이면 왁자지껄한 김장 체험으로 사시사철 분주하다. 이어지는 입소문으로 이제는 8천여 평의 농장에 20여 종의 농산물을 키울 만큼 규모가 커지고, 연간 3만여 명이 방문하는 유명 농원이 되었다. 오직 농사에만 관심이 있는 그는 이곳의 농산물이 '품종이 좋다'는 말을 듣는 게 가장 기쁘단다. 농사에 대한 자부심이야말로 이 일을 시작하게 된 계기이며, 〈농원〉을 여기까지 키운 힘이다.

◀▲
근현대사 박물관이라 부를 수 있을 정도로
수많은 물건들이 있어 아이들에게 산교육의 장으로 이용되고 있다.

▲
어린 시절 살았던 초가집을 잊지 못해 농원 한켠에 직접 지었다는 초가집

가족애가 묻어나는 고향집 같은 곳

나의 어머니는 "더 가져가시라."며 봉지가 넘치도록 담고 더 담아 주는 〈농원〉 여주인의 인심과 늘 실랑이를 하셨다. 음식 한 가지라도 더 싸 주시려던 할머니와 "못 먹는다, 이제 많다"고 사양하던 어머니. 그 시절의 모습과 꼭 같았다. 비약이 아니라면, 장사와 가족애를 연결시켜도 될까?

〈농원〉 한쪽에는 박 대표가 부인 김옥순 씨에게 바치는 긴 편지글이 새겨진 기념비가 있다.

'당신의 예쁜 모습은 어디로 가고 주름지고 백발이 되어 가는 모습을 보며, 당신의 고귀한 손이 얼마나 혹사당했고 우리 가족을 위해 얼마나 큰 역할을 하였는지 생각하며 눈물을 흘렸다오.'

애절한 이 글은 결혼 35주년 기념 표지석이란다.

〈농원〉의 작은 박물관 또한 근대사 및 가족의 발자취를 모아 둔 보물창고다. 가족을 위해 하고 싶은 모든 것을 하나씩 둘씩 늘려 가고 있는 곳이니, 방문하는 손님들에게도 그 마음이 전해지지 않을 리 없다. 가족들과 함께 농사짓고 땀 흘리고 수확의 기쁨을 맛보는 것, 그것만이 그들이 하고 싶은 일이다.

"도시에서 자란 우리들은 모두 실향민"이라고 말했던 한 인사 ^{김경민} ^{대구 YMCA 사무총장}의 말이 생각난다. 건설과 개발이 선진국의 척도라고 여기고 살아온 우리들의 마을은 자고 나면 모습이 변했다. 이제는 어디에도 돌아갈 '시골'이 없는 사람들에게 〈농원〉은 고향이 되어 주고 있다.

경기도 양주시 장흥면 일영로623번길 12
031-855-5094
www.bubufarm.net

"잇다"
connect

역사 속을 걷는 밤의 산책　　　고궁의 밤 나들이 **창덕궁 달빛기행**
한국 영화의 인큐베이터　　　　상암 DMC **영화창작공간**
이어져야 하는 숨비소리　　　　해녀와 해남을 키우는 **한수풀해녀학교**
나와 같은 당신들과의 행복한 동행　고려인 야학 **너머**

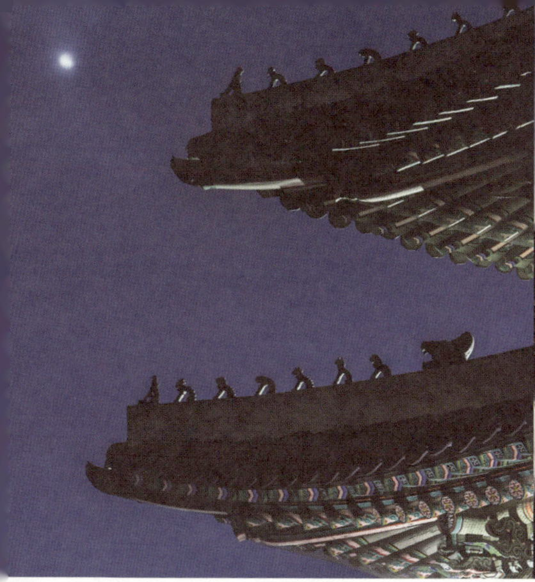

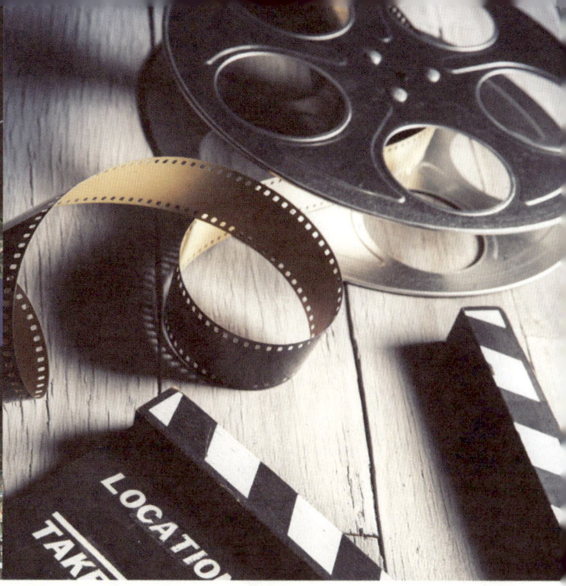

어제 시작된 내일

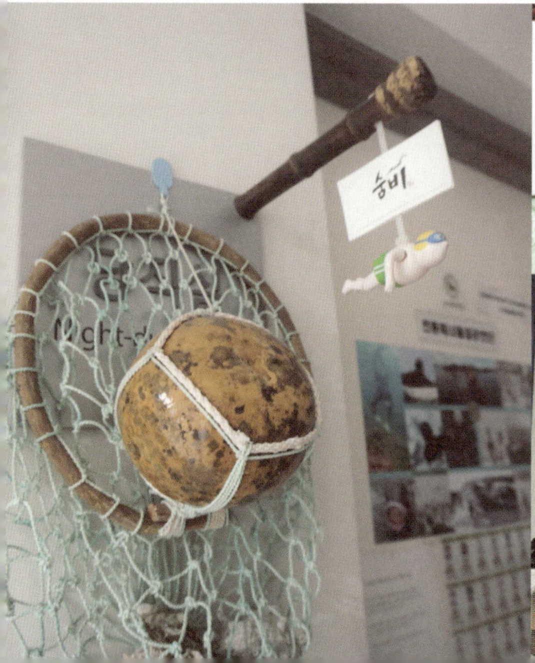
숨비

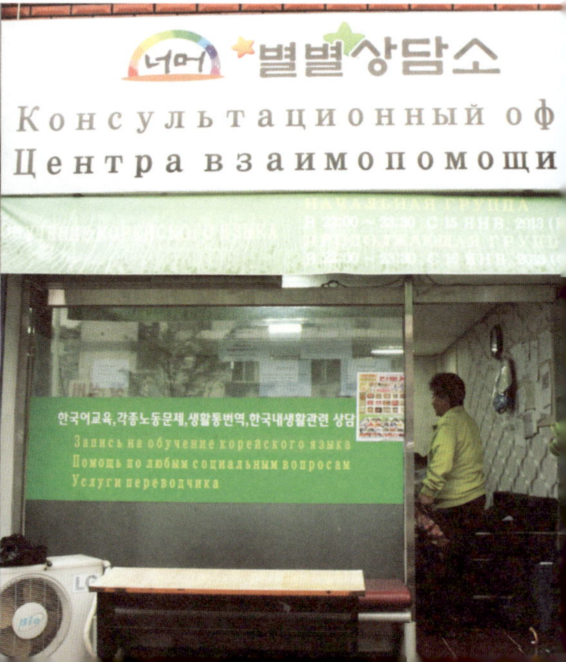
너머 별별상담소
Центра взаимопомощи
한국어교육,각종노동문제,생활통번역,한국내생활관련 상담
Запись на обучение корейского языка
Помощь по любым социальным вопросам
Услуги переводчика

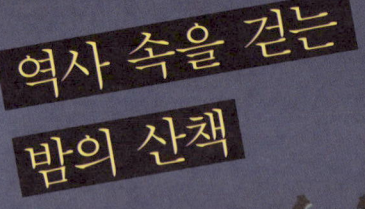
역사 속을 걷는
밤의 산책

고궁의 밤 나들이 **창덕궁 달빛기행**

ⓒ 유승현

밤에 쓴 글을 아침에 고쳐 쓴 적 있는 사람이라면
밤이 사람을 얼마나 말랑말랑하게 만드는지 알 것이다.
하물며 달빛이 바람을 타고 흐르는 가을밤이다.
고궁이 열려 있는데 어찌 그곳으로 걸어 들어가지 않을 수 있겠는가?

다시 찾은 고궁

내게 고궁은 도시 속 섬처럼 느껴졌다. 멀지 않은 곳에 있음에도 쉽사리 발길이 닿지 않는, 그저 시간이 멈추어 버린 섬. 그중 야간 벚꽃놀이와 놀이공원으로 추억 속에 둥둥 떠 있던 창경원이 궁궐로서의 면모를 회복하고 새로운 공간으로 태어났다는 소식을 들은 것도 이미 오래전이다. 꽤 긴 시간이 흐르고 다시 소식이 들려왔다. 한국문화재보호재단과 문화재청이 주최하는 '창덕궁 달빛기행'이라는 행사 소식이었다. 문득 그 섬에 가고 싶다는 충동이 일었다.

고향과 가족을 찾아 떠났던 이들이 다시 자신들의 보금자리로 발길을 돌리던 2013년 추석 연휴 마지막 날 창덕궁을 찾았다. 300년이라는 시간의 문턱을 넘어 공간과 시간을 넘나드는 여정, '달빛기행'을 시작한다는 그 묘한 떨림. 길었던 더위를 밀어내는 시원한 바람이 돈화문 앞마당을 휘감았다.

저녁 7시 30분, 입장을 30여 분 앞둔 시각. 이미 돈화문 앞마당은 입장을 기다리는 가족과 연인들로 분주했다. 인터넷 예매만 가능한 이 행사에 하반기에 진행되는 15회^{월 5회, 3개월}의 입장권 1,500매가 단 5분 만에 마감되었다 한다. 행사의 인기나 관람객들의 부지런함이야 더 말할 나위도 없을 것이다.

가이드의 설명을 들을 수 있는 이어폰을 교부받고 다섯 개 조로 나뉘어 입장을 준비한다. 잔잔한 조명의 돈화문을 배경으로 근엄한 근위대와 입장을 기다리는 사람들의 나직한 속삼임, 경쾌한 카메라 셔터 소리, 길었던 더위를 가시게 하는 초가을의 밤바람이 뒤섞인다. 하늘을 찌를 듯 솟구친 빌딩 숲 서울의 한가운데에서 나지막한 담장 너머의 그곳으로 여행을 떠난다.

청사초롱은 흐르고

돈화문으로 들어서자 관람객 서너 명마다 한 개씩의 청사초롱을 손에 쥐어 준다. 캄캄한 고궁에 30여 개의 청사초롱이 길을 따라 흐른다. 숨소리 내는 것조차 조심스러운 고요한 고궁의 밤 전경이 이채롭다. 각 조별 담당 가이드를 따라 설명에 귀 기울이고 촬영을 이어 가며 어둠 속 가려졌던 고궁의 밤을 가른다.

1405년에 지어진 후, 여러 차례 소실과 재건을 거치며 현재에 이

▲
이른 시간부터 돈화문 앞마당을 채운 100여 명의 관람객들이
야경과 근위대를 카메라에 담느라 여념이 없다.

▲ 초가을 도심 속 고궁의 밤을 깨운 관람객들의 행렬은 청사초롱 불빛을 따라 길게 이어졌다.

른 창덕궁은 조선의 궁궐 중에서 가장 오랜 기간 임금들이 거처했던 궁궐이라고 한다. 무수한 외침을 받아 온 이 땅에 아프지 않은 역사를 가진 곳이 어디 있을까? 그러니 조선의 왕조를 지켜 온 궁궐은 오죽할 것인가. 서로 이웃하고 있는 창덕궁과 창경궁은 각각 비원과 창경원이란 이름으로 동물원과 놀이공원으로 전락했다. 이제라도 궁의 본모습을 찾아가고 시민들에게 조선 궁궐로서의 기억을 줄 수 있다는 것은 가치 있는 일이다. 어둑한 밤, 침략과 왜곡의 역사를 겪고도

의연한 아름다움을 간직한 궁 앞에 모두들 자연스레 숙연해졌다.

사극에서나 보던 궁의 밤 풍경 속에 100여 명의 청사초롱 행렬은 기나긴 빛의 띠처럼 움직였다. 돈화문을 출발해 현존하는 궁궐 안의 돌다리 중 가장 오래되었다는 금천교와 인정문을 지나 창덕궁의 정전인 인정전 앞에 다다랐다.

인정전과 낙선재

인정전은 연산군과 효종, 현종, 숙종, 영조, 순조, 철종, 고종에 이르기까지 임금의 즉위식이 거행되었던 창덕궁의 정전이다. 또한 신하들의 하례와 외국 사신 접견 등 조선의 대표적인 행사가 행해졌던 창덕궁의 대표적 공간이라 할 수 있다. 활짝 열린 문 안으로는 임금의 자리인 용상과 곡병, 해와 달이 함께 떠 있는 다섯 개의 봉우리를 그린 일월오악도, 그리고 천장에 있는 봉황 한 쌍을 볼 수 있다. 계단 아래 마당에는 문무백관들 각각의 품계석이 도열되어 있다. 한 나라를 책임지는 왕의 수많은 고민과 결단이 이 자리를 채웠으리라 생각하니 압도적인 느낌의 이 공간이 당당하면서도 외롭게 느껴진다. 수백 년이 흐른 지금, 눈에 담고 사진에 담고 역사를 귀에 담으며 잠시나마 장고한 시간들을 헤아려 본다.

아자문, 완자문, 띠살문 등 문마다 다른 화려한 문살로 아름다운 낙선재는 헌종 임금의 서재와 사랑채로 이용되었던 건물로, 석복헌과 함께 헌종의 애틋한 사랑이 만들어 낸 공간이다. 궁중 건축물임에도

ⓒ 유승현

단청을 하지 않아 소박한 느낌이 이채롭다.

옛 왕가에서는 왕비나 왕세자빈을 간택할 때 임금이 직접 관여하지 못하도록 했지만 헌종은 첫째 왕비가 어린 나이에 후손 없이 유명을 달리하자, 두 번째 왕비를 간택할 때에는 직접 보기 원했다고 한다. 헌종은 각 가문의 규수들 중 김자청의 딸^{훗날 경빈 김 씨}을 마음에 두었으나 대왕대비의 결정에 따라 명헌왕후 홍 씨가 왕비로 간택되었다. 만 3년이 지났는데도 왕손이 생기지 않자 후궁을 맞이하게 되는데 바로 헌종이 마음에 두고 있었던 경빈 김 씨였다. 헌종은 낙선재를 지어 서재와 사랑채로 이용했는데 바로 옆에 석복헌을 지어 경빈이 머물도록 했다고 한다. 23세의 젊은 나이로 유명을 달리한 헌종이지만 그 짧은 사랑의 온기가 오늘날 흔적으로 남았다.

낙선재 일원은 이후 1966년까지 순정효황후가 기거했고 영친왕과 그의 부인, 그리고 덕혜옹주 역시 이곳에서 여생을 맞이하였다 하니 창덕궁에서 가장 마지막까지 왕가의 발길이 머문 곳이라 할 수도 있겠다.

상량정과 후원

낙선재의 뒤편에는 작고 아담한 육각형의 정자인 상량정이 있다. 서고 앞에 있어 높은 장대석 주초 위정자에 앉아 독서와 휴식을 즐기던 곳이라 한다. 바로 옆 만월문^{滿月門}이라는 동그란 문과 상량정이 만들어 내는 풍경은 왕궁의 중후함에서 벗어난 소박한 여유를 자아내고 있다.

만월문을 지나 담벽을 따라 꽤나 긴 행렬이 시작된다. 얼마나 지났을까, 100여 명의 사람들이 약속이라도 한 듯 숨죽인 기행을 이어 가던 중 앞선 무리의 사람들에게서 탄식 소리가 들려온다. 곧이어 눈앞으로 펼쳐진 광경은 거짓말처럼 황홀했다. 관람객을 위한 가야금 선율을 배경으로 빛과 커다란 연못과 그에 비친 건축물이 만들어 내는 가을밤의 선물. 이곳이 바로 정조가 사랑했던 후원이며 한국 최고의 정원으로 손꼽히는 부용지다.

《동국여지비고》에 의하면 이곳은 정조가 꽃을 가꾸고 고기를 낚던 곳이라 하며 동서 34.5미터, 남북 29.4미터에 이르는 거대한 방형의 연못이 있고 그 뒤로 부용정이라는 정자가 있다. 앞으로는 어수문을 지나 규장각과 열람실이 있는 주합루가, 우측으로는 과거 시험에 급제한 사람들을 위해 축하를 해 주던 영화정이 있다.

부용지 일원은 왕의 극히 개인적인 휴식 공간이자 학문에 대한 애정과 열린 사고를 보여 주는 장소라 할 수 있다. 왕의 집무 공간인 인정전에서 권위를 느꼈다면, 후원에서는 미적 감각과 풍류를 발견할 수 있다.

낙선재와 석복헌에서 헌종을 볼 수 있었다면 이곳 후원에서는 정조를 볼 수 있다. 이렇게 각각의 공간에서 임금들의 성정과 생활을 살펴볼 수 있는 것도 고궁 나들이의 묘미라 할 수 있다.

한국 최고의 정원인 부용지 일원 ⓒ 유승현

▲
달빛기행의 마지막은 전통 공연으로 아쉬움을 달랬다.

밤에 쓴 편지를 읽어 본 적 있는가

달빛기행의 마지막은 효명세자가 일반 양반가 주택을 모방하여 궁궐 안에 지었다는 연경당에서의 전통 공연으로 마무리된다.

프로그램에서 제공되는 따뜻한 차와 다과를 손에 들고 앞마당으로 들어가 자리를 잡자 공연이 시작되었다. 춘앵무, 아쟁산조, 판소리 춘향가, 국악 관현악 연주로 이어지는 30여 분간의 공연은 고종과 순종 시절 연회 공간으로 자주 이용되었다는 이곳을 다시 들썩이게

했다. 적당히 선선한 바람, 바람을 타고 흐르는 현의 음색, 좋은 사람과의 가을밤 달빛기행. 오늘의 이벤트는 야간 고궁 기행이라는 단순한 정의를 넘어 역사 속 공간이 현대의 우리와 나란히 있는 곳이라는 시공간적 공감대를 만들었다.

밤에 쓴 글을 읽어 본 적 있는가? 밤에 쓴 편지를 아침에 고쳐 쓴 적 있는 사람이라면 밤이 사람을 얼마나 말랑말랑하게 만드는지 알 것이다. 수백 년의 세월 동안 겪었던 이야기를 고백하듯 고궁은 우리에게 밤을 빌어 나지막이 말을 건다. 그리고 아침이 되면 말랑한 속삭임이 언제 있었냐는 듯 궁궐로서의 기개와 위용을 뽐낼 것이다. 우리는 모르는 척 가만히 기억해 주면 된다.

〈취재에 도움 주신 곳 : 한국문화재보호재단〉

서울시 종로구 율곡로 99
02-762-8261
www.cdg.go.kr

영화 한 편 한 편의 흥행과 실패에 울고 웃는 그들에게
이곳은 레드카펫 뒤의 전장이다.
고시 준비하듯 제작을 준비하는 창작자들에게
이곳은 인큐베이터이자 영화 고시를 준비하는 고시원이다.

배부를 때 탕수육보다 배고플 때 자장면이 더 절실하다

"배부를 때 탕수육 한 그릇보다 배고플 때 자장면 한 그릇이 더 절실한 것 아닐까요?"

영화 〈열한 시〉의 제작사 파레토웍스 이강규 대표의 이 말에서 영화인들의 현실과 고충이 느껴졌다. 일반적으로 영화라고 하면 화려한 레드카펫과 흥행 영화의 인기몰이에 대한 기사가 먼저 떠오르지만 이곳에서 마주친 첫 느낌은 그 어느 분야보다도 치열한 경쟁의 현장이라는 점이었다. 창작의 고통은 물론이고, 영화 한 편 한 편의 성공과 실패에 웃고 울 수밖에 없는 그들이다. 상암동 DMC 첨단산업센터 내 〈영화창작공간〉은 그런 그들에게 마련된 인큐베이터이자 피난처다.

허허벌판이던 상암동이 디지털미디어시티라는 이름으로 개발되면서 하나둘씩 건물들이 모양을 갖추더니 어느덧 미디어 콘텐츠의 중심지가 되어 가고 있다. 공중파와 케이블 방송국은 물론 종합 편성 채널을 보유한 신문사까지 다수의 미디어 회사들이 입주하면서 사무실과 그 외벽에 설치된 거대 전광판을 통해 나오는 홍보용 영상들로 도시 전체가 밤낮없이 휘황찬란하다. 불과 반백 년이라는 시간 동안 공장의 굴뚝으로 상징되던 산업 발전이 이젠 무형의 콘텐츠 산업으로 대체되게 된 것을 확인할 수 있는 공간이 이곳 상암동이다.

그 한 편에 수많은 '영화장이'들이 모여드는 장소가 있다. 서울시에서 조성하고 서울영상위원회가 수탁 운영하는 〈영화창작공간〉이 그곳이다. 상암동 DMC 첨단산업센터 내에 자리 잡은 이곳은 제작사들의 공간인 Production Office, 프로듀서들을 위한 Producer's Zone, 감독들을 위한 Director's Zone, 시나리오 작가들을 위한 Writer's Zone 등 네 개의 공간으로

▲ 〈영화창작공간〉이 위치한 DMC 첨단산업센터

나뉘어 영화 산업의 각 부분을 책임지는 영화인들이 하루하루 새로운 영화에 대한 꿈을 키워 가고 있다. 국내 개봉 영화의 20퍼센트 이상이 이곳을 거쳐 갔다고 하니 한국 영화에서 〈영화창작공간〉이 가지는 위상을 짐작해 볼 수 있다. 지금 이 순간에도 12개의 제작사와 60여 명의 감독과 프로듀서, 35명의 시나리오 작가들이 이곳에서 관객들과 스크린에서 만나게 될 한국 영화의 내일을 준비하고 있다.

낭만과는 거리가 먼 영화 세계

2013년 한 해 동안 집계된 영화 관객이 2억 명을 넘었다. 이는 국내 영화 산업 사상 최초의 일이다. 국민 1인당 평균 연 4회를 본 것이라 하니 이 수치는 단연코 세계 최고 수준이라 한다. 영화의 본고장 미국과 비교해도 거의 비슷한 수준이다. 영화에 대한 국민적 관심을 짐작할 수 있는 수치다.

이미 웬만한 동네마다 여러 개의 상영관을 가진 멀티플렉스 극장이 들어섰고 연 500편 정도 외화 포함의 영화가 개봉을 한다 하니 누군가 매일 극장을 찾는다 해도 매일 새로운 영화를 만날 수 있다는 말이 된다. 이처럼 다른 어떤 분야의 문화생활보다도 우리에게 가깝고 쉽게 즐길 수 있는 것이 영화다. 그래서 "영화 한 편 보자"라는 말이 편한 인사가 된 지 오래다. 팝콘과 콜라 한 잔 사 들고 좌석 번호를 찾아 자리에 앉는다. 불이 꺼지고 잠시 후 조정실의 영사기에서 뿜어낸 한 줄기 불빛을 따라 스크린에 영상이 맺히며 현실 밖의 새로운

▲
영화 〈열한 시〉를 만든 파레토웍스의 이강규 대표
벌써 다음 영화의 스케줄로 칠판이 어지럽다.

여행이 시작된다. 이런 따스한 장면이 나오기까지 영화인들은 전쟁을 벌인다.

선배들의 사무실 한 쪽에서 영화를 기획·개발하다가 제작이 결정되면 그제야 사무실을 얻고 영화 제작을 진행했다는 이강규 대표는 "영화는 정서적으로나 경제적으로 누가 더 오래 버티는가 하는 싸움"이라 했다.

영화사라는 곳의 특성상 기획·개발을 하는 기간에는 그리 큰 공간을 필요로 하지 않는다. 그러나 6개월에서 8개월 정도 소요되는 제작 기간 동안에는 배우를 비롯해 수많은 스태프들과 함께 작업을

◀▲
〈영화창작공간〉의 작업공간과 각종 편의 시설들

〈영화창작공간〉의 운영을 책임지고 있는 서울영상위원회 사무실
▼

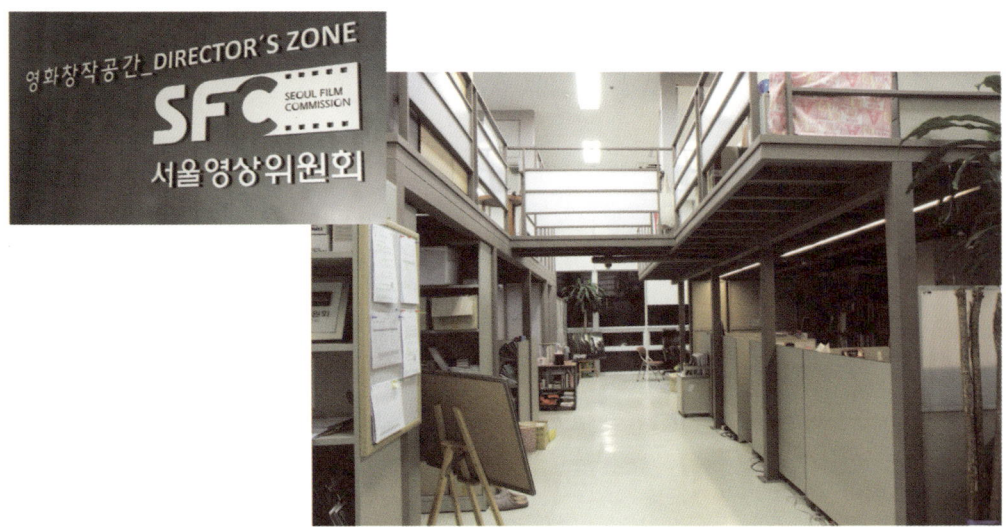

진행하기 때문에 각각의 활동에 필요한 넓은 공간을 갖추어야 한다. 그러나 대부분의 수익이 개봉 후에 발생하는 영화계의 구조상 제작 과정 중 대형 공간을 임대해서 사용한다는 것은 경제적으로 큰 부담일 수밖에 없다.

〈영화창작공간〉은 영화 제작에 필요한 기본적인 공간을 마련해 놓은 것은 물론, 물품과 설비가 갖추어져 있고 행정 지원이 원스톱으로 처리된다. 게다가 임대 비용이 저렴하기 때문에 영화인이라면 선호하지 않을 수 없다. 이강규 대표는 이곳에 입주할 수 있었던 것이 영화 제작자의 입장에서 큰 행운이었다고 한다.

〈검은 집〉, 〈7급 공무원〉, 〈차형사〉로 우리에게 알려진 신태라 감독 역시 이곳에 입주하면서 경제적 부담이 줄어든 것을 가장 큰 장점으로 꼽았다. 기존 영화사들이 대부분 강남에 위치해 있어 작업의 연계를 위해 인근에서 다소 비싼 임대료를 내며 좁고 불편한 생활을 했던 것에 비해 이곳에 입주하면서 지원받은 공간과 시설이 영화 제작에 큰 도움이 되었다는 것이다. 보통 '억' 소리 나는 것이 영화 산업이라지만 기획에서 제작까지의, 길면 몇 년이나 소요되는 작업이 영화인들에게는 성공을 담보로 한 큰 부담일 수밖에 없다. 이러한 현실에서 손 내밀어 준 〈영화창작공간〉은 영화인들의 환경을 이해하고 경제적인 고민을 덜어 준 소중한 파트너다.

또한 다양한 장르를 준비하는 영화인들이 입주하며 그 자체가 영향력 있는 인프라가 되었다. 입주자 간의 커뮤니티와 다양한 정보 교류 역시 이곳만이 가지는 큰 장점이다. 동종 업계 종사자들이 모여 있기에 서로 격려하고, 자극을 주고받는다고 한다.

누가 어떤 영화를 준비하고 누가 어떤 시나리오를 검토 중인지, 관객들의 동향은 어떻게 변하고 있는지 등의 정보를 공유하고, 세미나 및 취미 활동 등을 통해 교류하면서 다양한 사고를 마주하게 되고 고민을 함께 할 수 있다는 것은 그간 영화계가 가졌던 폐쇄성을 극복할 수 있는 계기가 되었다. 또한 영화인들이 밀집되다 보니 중소 매니지먼트사와 시나리오 작가들이 편리하게 제작 단계에 접근할 수 있게 된 것도 변화의 한 축이라 할 수 있다.

▲ 〈검은집〉, 〈7급 공무원〉의 신태라 감독

5대 1의 경쟁률을 가진 고시원

이강규 대표는 이곳이 고시원과 같다고 비유했다.

"고시원의 고시생들처럼 잘돼서 이곳을 벗어나는 것이 성공하는

▲ 〈영화창작공간〉에서 태어난 영화작품들

것이죠."

이곳에 입주한 모든 영화인의 꿈은 좋은 영화를 만들어서 성공한 후 다른 영화인들에게 이곳을 양보하고 떠나는 것이라 한다. 누구나 문화 콘텐츠 시장에 대한 중요성과 장밋빛 미래를 제시하지만 경제적·정책적 지원이 아직까지 부족한 상황에서 〈영화창작공간〉이라는 인큐베이터는 좀 더 많은 이들이 거쳐 갈 수 있는 곳이어야 한다는 생각이다.

산업의 시장성에 비해 스크린쿼터 축소와 투자 위축 등 어려운 국내 영화 현실에서 우린 성공한 몇몇 영화만을 떠올리며 샴페인을 터뜨리고 있는 것이 아닐까 생각한다. 창작의 기반은 안정성에 기초한다. 불안한 현실에서 미래에 대한 투자는 도박과 닮아 있을 수밖에 없다. 자유로운 상상력을 펼쳐 갈 수 있는 최소한의 안정적인 장치는 사회적 의제로 논의되어야 할 것이다.

〈취재에 도움 주신 곳 : 서울시 문화산업과, 서울영상위원회〉

서울시 마포구 성암로 330 (상암동) DMC첨단산업센터 내
02-777-7092
www.seoulfc.or.kr

이어져야 하는 숨비소리

숭비

해녀와 해남을 키우는 **한수풀해녀학교**

해녀란 직업은 생과 생을 건너는 일이다.
그런 그녀들의 삶에 가까이 가고자 하는 사람들이 있다.
여름에 여는 〈한수풀해녀학교〉에는
그녀들의 삶을 이해하고 전승하려는 학생들이 모여들고 있다.

바닷속에서 건져 올리는 삶

어머니는 강하다. 그중 해녀는 가장 강한 어머니다. 그녀들은 망망한 바다에 자신의 몸을 던져 생계를 이어 간다. 공기통도 없이 수심 10미터까지 내려가고 겨울에도 어김없이 차가운 물살을 뚫고 해산물을 건져 올린다. 전 세계의 수많은 나라 중 한국과 일본, 단 두 나라에만 해녀 문화가 있다. 우리나라는 이미 유네스코 인류무형문화유산 등재 신청을 했고, 일본도 해녀인 '아마'를 등재시키기 위해 노력하고 있다. 해녀가 전 세계적으로 보호 받아야 할 중요한 문화유산이라는 것이다.

 언젠가 해녀를 만난 적이 있다. 취재에 응하지 않아서 무작정 찾아갔다. 그녀의 집 앞에서 문을 두드리자, 피곤한 기색으로 맞아 주었

다. 울산에 사는 돌미역을 캐는 해녀였다. 넉살 좋게 인사를 하고 집안으로 쏙 들어갔다. 해녀는 물질을 마치고 돌미역을 포장하고 있었다. 드라마를 보며 돌미역을 몇 뭉치 함께 포장했다. 그러고 나선 미역국, 미역무침, 미역쌈 등의 진수성찬을 얻어먹을 수 있었다. 그녀는 귀와 온몸의 고통을 호소하면서도 끝까지 따뜻한 미소로 대해 줬다.

　해녀는 까슬까슬해서 좀처럼 만나기 힘든 취재원으로 통한다. 삶이 고단하면 다른 것을 생각할 여력이 없는 건 분명하다. 생사를 짊어지고 바닷속으로 유유히 들어가서 생명체를 꺼내 올린다. 생과 생을 바꾸는 그 물질은 얼마나 고단한 일인가? 바닷속에서 참은 숨을 물 밖으로 나오면서 내뱉을 때 내는 소리를 제주 말로 '숨비소리'라고 한다. '휘익, 휘익, 휘이익' 생이 내는 그 소리가 이제 끊어지려고 한다. 주강현 교수는 '해녀 하나가 사라지면 제주도의 박물관이 사라지는 결과를 빚을 것이다'라고 했다. 그만큼 해녀는 문화적으로 중요하다. 그나마 다행인 건 매년 높아지는 경쟁률 속에서도 해녀, 해남이 되기 위해 제주의 한 학교로 지원자들이 몰려든다는 소식이다. 바로 〈한수풀해녀학교〉다.

해녀의 문화를 이어나가려는 노력

어느 초겨울, 제주해녀문화보존회 이한영 회장을 만났다. 그는 2008년 〈한수풀해녀학교〉 1기로 졸업한 학생이기도 하다. 서울의 한 출판사에 다니면서 취미로 스킨스쿠버 다이빙을 하던 그는 마음 깊숙이

▶
해녀들의 명맥을
이어나가고자 발 벗고 나선
제주해녀문화보존회
이한영 회장의 따뜻한 미소

해남을 꿈꾸며 살아왔다. 그러다 〈한수풀해녀학교〉에 입학을 하게 되었고, 그의 삶은 완전히 바뀌었다. 서울에서의 편한 삶을 포기하고 제주로 내려오면서 해녀와 관련된 일에 푹 빠지게 된 것이다. 〈한수풀해녀학교〉에서 해녀의 삶을 알아가면서 사라져 가는 문화에 대한 안타까움을 느꼈고, 해녀를 알리기 위해 다양한 일을 하고 있다.

"해녀의 잠수력은 타고난 게 아니에요. 먹고살기 위해 조금 더 깊이, 깊이 내려갔던 거예요. 그러면서 그만큼 숨을 참게 되는 것이죠. 생과 생이 아슬아슬한 해녀들을 보면서 삶을 또 다르게 볼 수 있었어요. 이것뿐이 아니에요. 해녀들이 함께 일하고 돕는 공동체 문화는 우리가 꼭 지켜야 할 소중한 문화예요."

그와 만난 장소는 제주 섭지코지에 있는 '아쿠아 플라넷 제주'. 꼭 이곳에서 만나야 한다는 그의 말을 따라 그곳으로 향했다. 그는 먼저 공연을 보자고 했다. 무대는 10m 대형 수조. 크고 작은 물고기들이 헤엄치고 있었다. 곧이어 해녀 두 명이 수조 안에 등장했다. 마치

인어 같은 자태로 깊숙이, 깊숙이 내려왔다. 물을 전혀 거스르지 않는 몸짓이 바닷물과 하나인 듯했다. 칠순이 넘었다는 사실이 믿기지 않을 정도였다. 공연의 진행자는 해녀가 수조 안에 들어갈 때부터 관객도 함께 숨을 참아 보라며 유도하지만 관객석에서는 곧 숨을 내뱉는 소리가 여기저기서 터져 나온다. 하지만 해녀는 여전히 수조 밑바닥에서 유유하게 헤엄을 치고 있었다. 지금은 비록 공연 속이지만, 살기 위해 숨을 참아야 했던 그녀들의 모습에 그만 마음이 울컥해진다.

그렇게 20여 분간의 짧은 공연이 끝났고, 우레 같은 박수가 터져 나왔다. 이한영 회장은 이렇게 해녀의 삶을 들여다볼 수 있는 공연

을 기획하고 해녀문화해설사를 양성하는 일을 한다. 그리고 위급한 상황에서 해녀를 구출할 수 있는 발명품도 개발해 상을 수상했을 정도로 해녀의 삶 안으로 온전히 들어가 있었다.

전 세계 유일한 해녀학교
바다가 좋아서, 수영이 좋고 물질을 하고 싶어서, 제주가 좋아서, 해녀가 궁금해서 등 이곳에 입학한 이유는 여러 가지다. 의사, 원어민

칠순 넘은 해녀들의 공연, 위대해 보인다.
▼

교사, 작가, 게스트하우스 주인 등 지원하는 사람들도 다양하다. 전 세계 유일무이한 해녀학교인 〈한수풀해녀학교〉는 2007년첫 입학식은 2008년에 문을 연 뒤 매년 꾸준히 50~60명의 졸업생을 배출하고 있다. 매년 5월부터 8월까지 4개월 동안, 매주 토요일에 교육을 한다.

강사는 누굴까? 바로 현직 해녀들이다. 해녀들은 여름이 비수기다. 소라나 전복 등의 금채 기간이기 때문이다. 바꿔 말하면 그녀들은 한겨울의 차가운 바다에 뛰어든다는 이야기다. 학생들을 가르치고 있는 해녀들의 경력은 어마어마하다. 물질 40년은 기본이다. 평소엔 까슬까슬한 성격이지만 그녀들의 제자 사랑은 각별하다. 이렇게 고된 작업을 하겠다고 입학하는 학생이 대견하기만 한 것이다.

〈한수풀해녀학교〉의 입학 경쟁률은 해마다 치솟는다. 2013년 남자들의 경쟁률은 10:1이었다. 제주도의 전적인 지원으로 수업료도 없고 장비도 무료로 대여해 주기 때문에 큰 부담이 없다. 한편으로는 최근 몇 년 사이에 불기 시작한 제주라는 섬에 대한 로망 때문인지도 모른다.

커리큘럼은 특별하지 않다. 해녀들의 노하우를 전수해 주는 것이 전부다. 잠수, 물질 등 여러 가지를 배우지만 가장 중요한 것은 먹을 수 있는 것과 아닌 것을 구분하는 것이다. 가장 활발한 수업은 수강생들이 조를 짜서 함께 공부하며 배우는 스터디 시간이다.

입학하는 방법은 '열정' 하나면 된다. 따로 자격시험을 보는 것도 아니다. 어떤 이는 해녀에 관한 단편영화를 찍어 오기도 하고, 어떤 이는 해녀들의 삶을 담은 포트폴리오를 만들어 오기도 한다. 한 줄

▲
해마다 〈한수풀해녀학교〉에 입학하려는
외국인들의 경쟁도 치열해지고 있다.

글이라도 얼마나 해녀가 되고 싶은지 그 열정을 담아 오면 된다.

이한영 회장이 기억하는 〈한수풀해녀학교〉 1기는 마을에서 하는 퀼트 공예반 같은 분위기였다. 하지만 해를 거듭할수록 다양한 이력의 사람들이 해녀에 뜻을 두고 찾아온다. 졸업생 중 정식 해녀가 된 사람은 10여 명. 그마저도 해녀를 부업으로 삼고 있다. 해녀가 되는 건 쉬운 일이 아니다. 물질을 하더라도 그 지역의 사람이어야 바다라는 산삼 밭을 내준다는 원칙 때문이다.

해녀는 한 해에 약 18명씩 바다에서 생을 마감할 정도로 여전히 위험한 직업이다. 또 4시간 물질을 하고 육지에 나와서도 4시간은 성게를 까야 생계를 이어나갈 수 있을 정도로 고된 직업이기도 하다. 안타깝게도 현재 남아 있는 해녀들의 나이는 평균 70세가 넘는다. 〈한수풀해녀학교〉의 학생들이 아니면 이마저도 이어나가기 힘든 것이다.

지켜나가야 할 것

이 마을의 해녀들은 40여 명. 그녀들은 해녀가 되는 법을 배우지 않았다. 그저 몸으로 터득했을 뿐이다. 해녀가 되겠다고 찾아오는 젊은이들이 무작정 반갑기도 하다. 이렇게 거친 일을 배우겠다고 찾아오기에, 바다라는 어쩌면 위험한 곳으로 보내야 하기에 가르치는 데 소홀할 수 없다.

지금껏 한 번도 선생이 되어 본 적 없는 해녀들은 조금은 묘한 기분으로 젊은이들을 바라본다. 사라질지도 모르지만, 사라지지 않을

◀
〈한수풀해녀학교〉의 학생들

물질의 피로를 푸는 데는 뭐니 뭐니 해도
제주산 쌀막걸리가 최고
▼

지도 모른다는 약간의 희망을 가지고.

졸업을 하더라도 해녀와 해남이 되기란 쉽지 않다. 그저 자기 자리에서 묵묵하게 일을 하며 고단한 해녀들의 삶을 조금씩 이해해 가는 것이다. 이한영 회장은 그저 해녀의 맥이 끊어지지 않기를 바란다.

"졸업생들이 모두 해녀, 해남이 되는 건 아니에요. 단지 그들이 진하게 체험했던 그 순간을 잊지 말고 누군가에게 해녀에 대한 이야기를 전해 줬으면 해요."

제주특별자치도 제주시 한림읍 귀덕2리 포구
cafe.daum.net/jejudiver

'선생님! 이~뻐~요!'
한국말을 띄엄띄엄 배우고 있지만 이들은 영락없는 한국인이다.
일제시대 독립운동의 거점에 뿌리내렸으나 우리에게서 잊힌 사람들,
모국에서 지내고 있지만 이방인으로 살아가는 사람들,
바로 고려인이다.

동행을 시작하다

경기도 안산시 선부동 거리에서는 마치 러시아에 와 있는 듯, 단 한 마디도 알아들을 수가 없다. 사람들은 러시아어로만 이야기를 나눈다. 혹시 누가 말이라도 걸까, 빠른 걸음으로 약도를 보며 고려인 야학 '너머'^{이하 〈너머〉, 대표 김승력}의 문을 열었다.

웬일인지 오후 한 시인데도 문이 잠겨 있다. 조금 기다리다 보니 작은 체구의 김 대표가 한 손에는 서류 뭉치를, 한 손에는 우산을 들고 나타났다. 고려인 관련 세미나에 다녀오는 길이란다. 대표를 포함한 직원이 단 세 명이다 보니 상담이나 교육이 적은 시간에 민원을 처리하고 홍보 업무를 한다. 그래서 종종 사무실이 빌 수밖에 없다고 한다.

▲
고려인들의 사랑방 〈너머〉

　사무실에는 세 개의 업무용 책상과 간이 테이블, 3인용 소파, 냉장고뿐. 재정 상태를 쉽게 짐작할 수 있을 만큼 살림이 간소하기 짝이 없다. 손님에게 차 한 잔 내지 못할 정도로 휴대폰과 사무실 전화기가 쉴 새 없이 울린다. 비자 갱신 문제, 자녀 입학 문제, 임금 체납 문제, 의료 주선, 통번역 일 등을 접수하고 해당 관공서 대신 상담을 해 주느라 김 대표는 전화기 근처에서 떠날 줄을 모른다. 해가 기울수록 〈너머〉의 문지방을 넘나드는 사람들의 발길이 분주해진다.
　그냥 지나가다 들른 사람, 추석을 앞두고 자녀들에게 입힐 한복을 알아보러 온 사람, 야학을 신청하러 온 사람, 음식을 나누어 주러 온

▲
상담이 한창인 〈너머〉 사무실 모습

사람, 부부싸움 하소연을 하러 온 사람……. 고려인들에게 이곳은 상담소이자 행정처이며 동네 사랑방이다.

잠시 숨 돌릴 시간이 생기자 고려인 정책에 대한 김 대표의 하소연이 시작되었다.

"고려인에게는 우리나라 국적도 주지 않으면서, 동포라는 이유로 다문화 정책이나 외국인 노동자 정책에서도 제외시켜 복지와 인권의 사각지대에 있어요. 독일이나 폴란드, 헝가리 등도 1차 대전 때문에 구소련 지역에 자국민이 많거든요. 하지만 독일은 자국으로 돌아오면 국적 취득이 가능해요. 정착에 필요한 경제적·정책적 지원을 하구요.

〈너머〉의 김승력 대표

물론 자유롭게 왕래하는 것도 가능해요. 자국 동포에 대한 책임 의식이 있는 겁니다."

러시아 유학 중 우연한 기회에 연해주 고려인들의 안타까운 실상을 마주한 그는 곧 끝날 박사 과정을 포기하고 고려인과의 기나긴 동행을 시작한다. 그곳에서 10여 년간 고려인과 함께하다가 한국에서의 고려인 정착을 돕기 위해 2012년 귀국해 고려인 야학을 개설했다. 그리고 가장 시급하다고 생각한 한국어 교육에 집중했다. 한국어 교육을 통한 정착 지원은 물론 고려인들의 아픔을 국내에 알려 고려인들이 보다 나은 환경에서 생활할 수 있도록 돕는 것이 〈너머〉의 존재 이유다.

한국인이 되는 것, 누군가에게는 너무 큰 소망

경기도 안산시 '뗏골^{선부 2동}' 일대. 고려 말 무신인 오언鳴彦의 후손들이 만든 집성촌에 160여 년간 타국살이를 하던 고려인들이 모여들었다. 1860년부터 구한말 일제강점기까지 일제의 핍박을 피해 러시아 연해주 지역으로 이주한 사람들은 소수민족으로서의 정체성을 유지하고 살아가며 독립운동의 거점을 만들었다. 그러나 1937년, 스탈린의 강제 이주 정책과 1992년의 구소련 해체에 따른 강제 이주로 그들은 중앙아시아 5개국과 러시아 등지에 흩어져 살고 있다.

고려인이라는 이름으로 모여 살던 시절, 이들은 경제와 교육 면에서 소수민족으로서의 자립도를 유지하고 있었지만, 스탈린 시대에 일

강의실 벽면에는 〈너머〉를 거쳐 간 수많은 고려인들의 흔적들로 가득하다

제치하라는 상황과 맞물려 적성敵性 민족으로 규정되면서 재산이 몰수되고 모국어 교육까지 탄압당하며 경제적·언어적 타격을 입게 된다. 생계를 꾸리기 어려워진 그들은 이후 한국으로 들어와 공장단지 등에 취업하며 하나둘 모여 살기 시작했다. 하지만 앞에서 밝힌 역사적 상황 때문에 한국어 교육을 전혀 받지 못한 고려인들은 다른 재외 동포들에 비해 정착하기가 어렵다. 35만여 명 정도의 고려인 가운데 현재 3만여 명이 국내에 입국해 있다. 그중 5천여 명이 안산 일대에 거주 중이며, 특히 이곳 뗏골은 2천여 명의 고려인이 밀집해 있는 국내 최대의 고려인 밀집 지역이다.

저녁이 되자 〈너머〉 앞 작은 도로에 봉고차와 미니버스가 눈에 띄게 많이 지나다녔다. 공장이나 인력 사무소에서 일을 마친 고려인들, 퇴근 후 상담을 위해 찾는 고려인들, 한글 야학에 오는 고려인들로 북새통이다.

한 중년의 고려인이 임금 체납 문제를 상담하러 왔다. 러시아에서 전문직 기술자로 일한 그는 입국한 지 2년이 되었지만, 잔업과 야근이 많아 한국어 교육을 받을 수 있는 시간이 부족해 문제가 생길 때마다 이곳을 찾는다고 한다.

"말이 안 통할 때도 있고, 고려인으로 살아오면서 몸에 익은 문화와 한국의 문화가 다른 부분이 있기 때문에 종종 오해가 생기기도 합니다. 월급도 몇 달째 밀려 있는 상태구요."

아내는 한국에 있지만 자녀들은 아직 러시아에 있다. 생이별이 얼마나 고되고 참담하겠는가마는 그래도 러시아에서 일하는 것보다 한

자원봉사자들이 그린 벽화 덕분에
지하에 위치한 강의실로 내려가는 기분마저 환하다.

국 사람들 사이에서 일하는 것이 마음 편하다고 한다. 그들에게 이곳은 핏줄을 묻어 둔 모국인 것이다.

법과 제도가 허락한다면 가족들과 함께 한국에 살고 싶다는 것이 그들의 공통된 소망이다.

'고향의 봄'을 부르는 아이

"노래방 기계 만질 줄 알아요?"

김승력 대표가 나에게 도움을 구한다. 그의 뒤로 초등학생으로 보이는 여자아이가 켜지지 않은 마이크를 잡고 방긋 웃고 있다. 〈고향의 봄〉을 부르겠다는 이 아이는 고려인 4세다. 얼마 후 있을 〈너머 학예회〉에서 보일 장기자랑을 준비 중이란다. 아이가 열 번 넘게 노래를 부르는 동안 뒤에 서서 한 번도 시선을 돌리지 않고 애절하게 바라보는 아이 아버지의 표정이 아프게 다가온다. 사람에게 애절함이나 슬픔의 여분이 얼마나 있어야 저런 표정이 나오나 싶었다. 마음속 진짜 고향을 헤아리고 있을까? 그가 살던 동토와 국적도 주지 않는 한국, 어디가 더 차가운 땅일까?

하루가 참 길다는 생각이 들던 밤 10시, 하루의 노동을 끝내고 간단히 저녁을 해결한 고려인들이 한국어 수업을 듣기 위해 교실에 모였다. 잔업까지 끝낸 늦은 퇴근 후에야 교육을 받을 수 있는 40~50대의 중장년들이다. 수업에 참관하기 위해 따라 내려간 강의실에는 20여 명의 나이 든 학생들이 교실 앞쪽에 한데 모여 한창 분주하더

▲
고려인들이 고마움을 담아 마련한
김승력 대표의 깜짝 생일 파티

니 김 대표를 향해 외친다.

"선생님, 생일 축하해요!"

알고 보니 김 대표의 깜짝 생일 파티를 몰래 준비했던 것이다. 제빵 기술을 배우고 있다는 학생이 만든 케이크를 가운데에 두고 각자 한 가지씩 준비해 온 음식들로 테이블이 가득 찼다. 그리고 추동 정장 재킷이 담긴 선물 가방을 내민다. 모두들 빨리 입어 보라고 성화다. 열악한 환경에서 힘겹게 모은 돈임을 알기에 대표는 머뭇거릴 뿐, 입지 못한다. 그 마음을 읽은 학생들이 달려들어 직접 입히고 나서야 모두가 크게 웃었다.

"선생님, 이뻐요!"

이곳에서 누군가는 웃고, 누군가는 노래하고, 누군가는 운다. 러시아에서, 안산에서 10년이 넘는 세월을 고려인, 아니 동포와 함께 살아가는 김승력 대표……. 그와 고려인들이 무너뜨리고 싶은 것은 우리의 무관심이다.

그들이 지키려 했던 땅은 독립운동의 기지였으며, 그들은 오랜 옛날 언젠가 우리의 가족이었을 수도 있다는 것을 나조차 인식하지 못하고 살아왔다. 그들은 그런 나를 옆자리에 끌어 앉힌다. 자신들 자리를 바짝 좁혀 가며 나를 넓게 앉히고는 자꾸만 술잔을 건네는 거친 손에서는 통하지 않는 언어조차 무색한 온기가 전해졌다.

경기도 안산시 단원구 부부로8길 17 (선부동) 1층
031-493-7053
cafe.daum.net/jamir

"고집하다"
obstinate

단골이 없는 집
가구 한 그루 심어 드립니다
네가 가진 만큼만 즐겨라
착한 가게의 바삭바삭한 꿈
따뜻한 아날로그 공간
건강해지는 맛, 삶을 담은 케이크

가마솥 공장 **안성주물**
가구 공방 **가구장이 박홍구 공방**
자전거 공방 **두부공**
분식점 **요요미**
만년필 병원 **만년필연구소**
당근 케이크 집 **하우스 레서피**

세상에 **이런 사람** 하나쯤은 있어야겠지

단골이 없는 집

가마솥 공장 **안성주물**

잠깐만 서 있어도 콧구멍 속이 시커멓다.
딸이 그린 그림 속,
가마솥 옆에 있는 아버지 얼굴은 시커멓다.
하지만 열 살 딸의 꿈은
가마솥을 만드는 사람이 되는 것이다.

불과 흙과 쇠를 다루는 사람들

왈칵왈칵 쇳물이 쏟아진다. 뭐라 표현할 수 있을까. 저것을 고체라고 해야 할까, 액체라고 해야 할까? 붉은 물 같고, 검은 불 같고, 화산 같고, 녹인 호박엿 같은 쇳물이 엄청난 속도로 왈칵왈칵 쏟아진다. 실물로는 처음 보는 광경에 사진을 찍으면서도 멍해진다.

"발 조심해요!"

멍하니 있으면 여지없이 김성태 대표^{(안성주물) 4대 대표}의 불호령이 떨어진다. 쇳물은 불꽃이 되어 별똥별처럼 곳곳으로 튄다.

"장갑이나 마스크가 있어도 하질 못해요. 불꽃이 손으로, 머리카락으로, 얼굴로 가리지 않고 튀니까 가끔 불이 붙기도 하거든요. 진짜로 내 살 태워 가며 만든 가마솥이죠."

219

솥을 비롯한 무쇠 그릇을 만들기 위해서는 5~10단계의 수작업을 거쳐야 한다. 순도가 높은 선철을 용광로에서 녹여 불순물을 제거한 쇳물을 쇠바가지로 받아서 거푸집에 붓고 성형을 한다. 굳으면 형틀을 제거하고 날카로운 부분을 다듬는 후처리 작업을 하고, 참기름_그 자리에서 먹어도 맛있는 식용 참기름_을 바르는 '길들이기' 과정을 거친다. 이 과정은 모두 수작업으로 진행된다. 불과 열과 흙 그리고 분진과의 싸움이다.

〈안성주물〉은 우리나라에서 가장 오래된 가마솥 공장이다. 1910년대 김대선 씨가 유기_鍮器_로 유명한 안성의 유기 공장에서 일하다 독립하여 가마솥을 만들면서 〈안성주물〉의 역사가 시작되었다. 2006년에 경기도 무형문화재 45호로 지정되었다. 〈안성주물〉은 기계 작업을 하지 않고 4대째 이어 내려오는 전통 방식을 고수하며 무쇠 제품을 만들고 있다. 특히 전기 용광로가 아닌 석탄과 코크스를 사용하여 송풍기에 바람을 가하는 큐폴라 방식으로 제작한다. 이런 방법에는 고철을 사용할 수 없다. 어김없이 포스코에서 사오는 선철_무쇠_을 전체 재료의 80~90퍼센트가량 사용한다.

김 대표는 용광로에서 쏟아지는 쇳물을 받아 기술자들에게 배분한다. 용광로 안에 있는 쇳물의 양을 계산하여, 공정에 배치된 기술자에게 어느 정도 분량을 배분할지 결정한다. 보통 40킬로그램에 육박하는 쇳물을 재빨리 받아 들고 형틀에 부어야 하기 때문에 한 사람이 줄곧 쇳물을 부을 수는 없다. 쇳물 붓기, 쇳물에 떠오르는 불순물 건져내기, 후처리 등의 공정을 기술자들에게 골고루 배분하고 교

 갯토로 만든 형틀을 떼어냈을 때
가마솥 모양을 하고 있는
갓 굳은 쇳물은
투명하고 시뻘건 불덩이다.
이것에 삽질한 흙을
일일이 부어
가마솥과 형틀을 분리하여 식힌다.

대시킨다.

　기술자들은 배분받은 쇳물을 가마솥 형틀에 붓는다. 쇳물이 튀면 겨울철에는 기온 차이 때문에 폭발하기도 한다. 혹여 쇳물이 살이나 머리카락에 튀어도 다 부을 때까지 기다려야 한다. 갯토(갯벌 흙)로 만든 형틀을 떼어냈을 때 가마솥 모양을 하고 있는 갓 굳은 쇳물은 투명하고 시뻘건 불덩이다. 이것에 삽질한 흙을 일일이 부어 가마솥과 형틀을 분리하여 식힌다. 톱니바퀴 돌아가듯 정신없이 돌아가는 하루, 모든 과정은 빠르고 뜨겁고 무섭다.

　살을 태워 가며 만들었어도 완성된 제품이 마뜩잖으면 깨어 버릴 때도 있다. 잘 만들어진 것과 그렇지 않은 것의 기준은 탄소 함유량의 차이다. 붉게 구워진 솥이 검은빛으로 마를 때 그 색이 균일하지 않거나, 두들겼을 때 소리가 다른지 확인한다. 하나하나 사람 손으로 만들기 때문에 품질의 차이가 있을 수 있지만 장인들은 미세한 차이조차 섬세하게 걸러낸다. 그런 자부심으로 〈안성주물〉은 홈페이지에 '철 용해하는 날, 쇳물 붓는 날, 제작하는 날' 등 모든 제조 과정을 소비자에게 공개하고 예고한다.

　무거운 무쇠솥을 사는 이유는 음식 맛도 맛이지만 건강과 직결된 문제이기 때문일 것이다. 유명 한의사들은 아이들의 아토피를 치료하려면 먼저 조리 기구부터 바꾸라고 진단한다. 소재 및 코팅제에서 발암물질을 배출하는 조리 기구를 솎아내는 것도 좋은 식재료를 쓰는 것만큼이나 중요한 일임을 우리는 간과하고 있다. 그러므로 가마솥을 고를 때에는 제작 공정에서 전통 용광로를 사용하는 곳인지 전기 용광로를 사용하는 곳인지, 좋은 선철을 쓰는지 잡철을 쓰는지, 화학 코팅을 하는지 안 하는지 확실히 알고 써야 한다. 무쇠에는 중금속이 함유될 수 없다. 녹는 점^{용융점}이 다르기 때문인데, 무쇠는 1,800~2,100도 사이에 솥의 재료가 되는 액체로 변하는 반면 납이나 카드뮴 등 모든 중금속은 그 온도가 되기 전에 산화한다. 따라서 양은 같은 비철금속에는 중금속이 함유될 수 있다. 또한 무쇠에서 나는 녹은 인체의 조혈 기능$^{헤모글로빈\ 생성}$에 도움을 주는 철분으로, 먹어도 좋다. 특히 철분이 필요한 임산부에게 추천한다.

홈페이지에 공지된 날 직접 찾아가 주물 그릇 하나가 만들어지는 뜨거운 과정과 그 안에 담긴 정성을 보는 것도 좋을 것이다. 〈안성주물〉이 제작 과정을 시시때때로 공지하니 손님들이 견학 삼아 멀리서 찾아오기도 한다. 내가 봐도 이렇게 훌륭한 볼거리가 없고, 아이들에게 이 이상의 산교육이 없다. 이미 〈안성주물〉은 안성의 관광 상품이 되었다. 쇳물만 기술자들이 다루어 주고 가마솥 성형과 마무리를 직접 해 보는 가마솥 만들기 체험 프로그램은 어린이들이 너무나 좋아한다고 한다.

우리에겐 단골이 없소

〈안성주물〉의 무쇠 제품은 한 번 사면 평생을 쓰는 그릇이다. TV 다큐멘터리 프로그램에서 취재를 왔을 때 리포터가 "이렇게 좋은 그릇인데 줄을 서겠네요?" 하고 묻자 무형문화재 김종훈$^{〈안성주물〉\ 3대\ 대표}$ **씨**

가 말했다.

"우리에게는 단골이 없소. 한 번 사면 그걸로 끝이오."

갈라지지 않고 깨지지 않으니 종류별로 한 번 갖춰 두면 더 사러 올 필요가 없다. 하지만 할머니가 엄마에게, 엄마가 또다시 딸에게, 다 자란 손녀에게 추천하며 대를 이어 찾는 곳이다. 요즘은 강정, 닭갈비, 족발집 등 다양한 요식업체에서 〈안성주물〉에서 주문·제작한 조리 기구로 자신들의 요리에 자부심을 더하고 있다. 음식을 어떻게 만드는가도 중요하지만 어디에 만드는가도 중요하다는 것을 아는 고객들을 공략하는 것이다.

가정집으로 가는 주물이든, 음식점으로 가는 주물이든 〈안성주물〉의 모든 제품은 전통의 얼굴이기 때문에 허투루 만들 수 없다. 일례로, 대구에 있는 어느 시장의 한 족발집에서는 가마솥을 제작하며 자물쇠를 달아 달라 요청했는데 음식이 닿을 수 있으므로 저가 경첩을 달지 않고 스테인리스 경첩을 부착했다고 한다. 그 정성에 감동한 족발집 대표가 여러 가게에 추천해 꽤 많은 매출을 올렸다고.

단골이 있건 없건 한결같은 마음으로 하면 끊임없이 이어 나가는 힘이 된다고 믿는다. 그것이 〈안성주물〉의 긴 역사 동안 4번의 부도를 겪고도 여전히 건재할 수 있는 힘이다.

〈안성주물〉은 오직 직거래로만 상품을 판매한다. 시장이나 매장을 통해 판매되면 기계로 만든 중국산 가짜와 섞여도 알 수가 없다. 또한 유통비용이 생기면 결국 그 부담은 소비자에게 전가된다. 다행히 김성태 대표가 운영을 맡으며 시작한 직거래가 〈안성주물〉의 매출도

안정권에 올려놓았다.

인류와 천 년이 넘는 세월을 함께해 온 것이 무쇠고 가마솥이지만 주물은 현대에 살아 있다. 전통을 지키며 만든 작품인 동시에 지금의 삶을 담은 생활 용기인 것이다. 그도 그럴 것이, 가장 잘나가는 상품인 미니 가마솥만 해도 김 대표의 아내가 사용하며 직접 고안해 낸 상품이다. 밥할 때 물이 넘쳐 영양이 손실되는 것을 막기 위해 솥뚜껑 안쪽으로 들어가도록 제작되어 실용특허를 받았다. 경기도 무형문화재인 만큼 사극의 소품을 만들거나 문화재 복원도 하지만 식탁용 가마솥 받침대, 찜기, 훠궈^{샤브샤브} 용으로 반 나뉜 양수냄비, 스테이크 판, 꼬마 팬, 미니 가마솥 등 현대적인 아이디어 상품 또한 꾸준히 개발하고 있다. 그러나 전통을 지키는 방법에 대해서는 논쟁이 있다. 경기도 무형문화재 심사 때 '솥뚜껑이 바깥으로 나와야 전통이다'라고 주장한 심사위원들도 있었다고 한다.

하지만 "백 년 전 물건을 누가 쓰겠습니까? 현대에 맞게 사용하면서 기본 틀을 지켜 가는 것이 진짜 전통 아닙니까? 그것이 우리가 꾸준히 제품을 개발하는 이유입니다."라고 말했던 김 대표의 말에 누군들 설득되지 않을 수 있겠는가?

다큐멘터리 〈백 년의 기업〉 조승경 PD는 창원 도시재생시민대학 상인학교 전통 명가 육성 반 강의에서 '소비자 중심의 백 년 기업'으로 1901년에 창업한 이탈리아 피자 가게 〈스타리타〉, 1859년에 창업한 일본 녹차 가게 〈나카무라 토키치〉와 더불어 한국에서는 〈안성주물〉을 꼽았다. 전통은 존중하지만 집착하지 않는 것이 〈안성주물〉의

▲▲
가장 인기가 많은 미니 가마솥을 비롯한 〈안성주물〉의 무쇠 조리 기구들. 전통은 존중하지만 집착하지 않는 것, 이것이 〈안성주물〉이 100년을 넘어 존재하는 비결이라고 평가되고 있다.

비결이라고 그는 평가했다.

전통을 잇는 것, 누군가는 해야 할 일

누군가는 해야 할 일을 하는 사람들이 있다. 그들은 어쩌면 내가 나누어 져야 할 짐을 대신 지고 가는 사람들이다.

〈안성주물〉은 생활 용기뿐 아니라 종갓집이나 문화재의 가마솥을 복원하며, 지금은 잘 쓰지 않는 화목 난로나 작두 펌프, 차 화로 등도 꾸준히 만든다. 매출에 도움이 되지 않거나 주문이 들어 올 리 없는 옛 아이템까지 만들고 있는 이유는 뭘까? 주물은 우리의 전통이고, 누군가는 꼭 해야 할 일이라는 사명 때문이란다.

김 대표는 얼마 전 독일에 가서 몇 백 년씩 이어져 내려오는 전통의 도시를 보고 왔다며 전통을 존중하는 유럽의 분위기를 강조했다. 100년간 4대째 이어 내려오는 기업, 유럽에는 흔할지 몰라도 우리나라에서 이런 장인 가문은 찾기 어렵다. 그러나 〈안성주물〉은 늘 변두리에서 변두리로 이사를 다녀야 했다. 아무것도 없는 부지에 터를 잡아도 시간이 흘러 공장 주변으로 사람들이 모여들면 뒤늦게 이주해 온 주민들이 관공서에 〈안성주물〉의 소음과 분진에 대한 민원을 넣는다. 한국의 전통 무형문화를 지키는 일에 대해 야박한 시민 의식이 아쉽다.

시장이 바뀔 때마다 흔들리는 시의 정책 또한 아쉽다. 안성은 유기와 주물의 고향임에도 불구하고 무형문화재나 문화 상품에 대한 시

〈안성주물〉의 3·4대 대표인 김종훈, 김성태 부자
▼

차원의 어떠한 지원이나 조례도 없는 상태다. 우리나라의 모든 무형 문화재 전수자들이 반겼던 부천무형문화재 엑스포 또한 해당 시의 시책이 바뀌면서 무산됐다. 문화재는 누구라도 이어가야 하는 것, 정치적인 어떤 계산도 배제되어야 하겠기에 더욱 아쉽다.

우리나라 5천 년 역사에서 가마솥이 차지하는 비중은 철기 시대부터지만 가마솥에 대한 사료는 유독 없다고 한다. 오그라든 모습, 직각으로 올라간 모습, 충식, 경식, 통식, 삼족 솥 등 시대나 지역마다 가마솥은 특색이 있다. 추운 지방은 부엌이 얕아서 솥도 층이 낮고, 강원도는 주식이 감자와 옥수수였기에 삶기 용도로 큰 일자 솥을 쓰며, 충청도는 메주 찌기에 좋도록 오그라들어 있는 등 가마솥에는 살아가는 이야기가 담겨 있다. 이렇게 다양한 주물을 모아 유기의 땅 안성에 박물관을 만드는 것이 김 대표의 숙원 사업이다.

김 대표의 명함에는 대표가 아니라 전수자라고 씌어 있다. 그 한 단어에서 장사를 넘어서는 사명이 읽힌다. 전통의 땅에서 전통을 이어 나가고 싶다는 꿈, 그것은 우리의 꿈에 다름 아니다. 대한민국 곳곳에서 그곳으로 찾아들고, 세계인에게 내놓아도 좋은 이야깃거리가 있는 곳. 그 땅에 자랑할 만한 명물 전통을 가진다는 것은 얼마나 멋진 일인가?

경기도 안성시 서운면 서운로 465-33
031-675-8995
www.anseongjumul.com

가구 한 그루
심어 드립니다

가구 공방 **가구장이 박홍구 공방**

그의 가구에서는 옹이가 있으면 있는 대로,
갈라지면 갈라진 대로 훌륭한 장식과 무늬가 된다.
나무가 가진 품성 그대로를 품은 가구이기에
분명 거칠고 모자란 나의 결도 그대로 품어 줄 것만 같다.

공범, 친구 그리고 가족

1970~80년대 한 아파트의 내부 풍경을 찍은 사진집을 본 적이 있다. 1층부터 꼭대기 층까지 세대별로 거실에 가족들을 모아 촬영한 사진을 엮은 책인데, 한결같은 가구 모양과 똑같은 배치에 깜짝 놀랐던 기억이 난다. 30~40년이 지난 지금이라고 별다르지 않다. 남들도 나처럼 사는 것이 너무나 현실적이어서 놀랐던 셈이다.

집 안을 둘러본다. 방 크기에 맞춰서 구입한 이불장과 옷장, 나사 몇 개로 간편하게 조립된 DIY 식 거실장, MDF 재질에 목재 느낌의 코팅지로 마감된 책꽂이, 조립식 책상 몇 개, 소파……. 고급은 아니어도 낡은 데 없이 나쁘지 않지만 무언가 못내 마음에 걸린다. 집이라는 일상의 공간에 나와 함께 산다는 의미에서 가구도 가족이라

전제한다면, 어린 시절 기억 속에 가족과 함께했던 손때 반질반질한 '그것'들이 사라져 버린 것이다.

내 키보다 높아서 낑낑대며 올라 다니던 뒤주와 몇 번이나 손을 찧었던 서랍장, 몰래 일기장을 숨겨 놓던 문갑, 혼날 일이 생기면 숨던 옷장이 있었다. 어린 시절의 나는 가구와 비밀을 나누었고, 가구와 장난의 공범이 되었으며, 때로 그들에게 숨어들어 위로를 구했다. 용도에 따라 인터넷으로 쉽게 구해 온 페인트 냄새나는 신참들과 내가 도모하는 것은 작업의 효율이나 편리함쯤에서 멈춰 있다. 굳이 비유하자면 가족이나 친구의 관계에서 가끔 필요에 의해 보게 되는 갑을 관계라고 할 수 있을까?

하지만 박홍구 씨의 가구들을 보며 어쩌면 가구는 과학이 아니라 '동거하는 사물과의 감성 교류'가 아닐까 하는 생각을 했다.

나무는 숲을 닮는다

스키장을 찾는 수많은 청춘들의 틈에 끼어 영동고속도로를 타고 내비게이션의 친절한 안내를 따라 여주 톨게이트를 지나 국도변을 달린다. 앙상한 나무들과 황량한 벌판을 따라 얼마나 달렸을까, 동네 아이들의 스케이트장이 되어 버린 논두렁을 앞에 두고 가구장이 박홍구 씨의 작업장이자 전시장인 공방이 눈앞에 나타났다. 이방인의 방문에 놀란 백구가 주인이 있는 안채를 향해 컹컹 짖어 대자 주거 공간이 있는 뒤뜰에서 박홍구 씨와 그의 아내 하경희 씨가 한걸음에

공방 옆에 위치한 자택 마루 한켠에도
그를 닮아 투박한 선반이 손님을 맞이한다

▲
박홍구, 하경희 씨 부부

▶
이런저런 나무 향이 가득한 작업실

반갑게 맞아 준다.

한적한 곳에서의 생활을 꿈꾸며 이곳으로 이주한 지 10여 년. 농가 주택이던 집은 아직도 가족과 닮아 가기 위해 계속 진화 중이다. 한때 축사로 쓰였던 건물은 깨끗하게 정돈한 후 정겨운 나무 문짝을 달았다. 외벽에 아내가 직접 그린 꽃 그림까지 붙여 두니 감각적인 전시장으로 거듭났다.

오후 햇살이 창을 타고 들어오는 전시장 안에는 이미 여러 예술가들로부터 작품성을 평가받은 〈감성의자〉와 작업이 끝나 새 주인을 기다리는 탁자들, 그리고 그만의 예술성을 보여 주는 가구들로 가득했다. 창밖으로 보이는 나무 적재장에는 가구장이의 재산이 아니라 빚이자 숙제라는 다양한 품종의 나무들이 산처럼 쌓여 있다.

나무와 인연을 맺은 지 30여 년. 건축이나 디자인 또는 예술을 전공한 적도 없지만 첫 직장에서 가구와 맺었던 인연이 벌써 반평생을 넘게 이어져 온 것이다. 나무와 살아와서일까, 작가는 나이를 속으로 감춘 나무처럼 동안이었다. 세월에 따라 자연처럼 사람도 늙어 가야 한다는 생각에 나이 들어 보이기 위해 수염을 길렀다지만, 열정과 호기심 가득한 눈빛까지 가릴 수는 없었다. 나이 들수록 깊이가 생기므로 나이 드는 것이 좋다는 그에게 역시 가장 중요한 것은 작품인 것이다.

나무에서 가구로, 그 가치의 이전

옹이를 그대로 살린 나무 소파, 말라서 틈이 벌어진 나무로 만들어진 탁자, 서로 다른 목재를 사용한 다리를 가진 테이블, 솟대 같은 막대를 등걸이로 한 의자……. 전시장을 채우고 있는 그의 가구를 보고 있자니 무엇 하나 화려하진 않지만 가구로 변한 후에도 본디 나무가 가졌던 그 모습이 남아 사람의 마음을 따뜻하게 해 주는 힘이 느껴진다.

일반적으로 결이 아름다운 수입 목재로 만든 가구가 좋은 것이겠거니 생각하지만 그의 생각은 다르다 한다. 우리 몸에 우리 땅에서 자란 음식이 최고이듯, 우리 땅에서 함께 추위와 더위를 버티며 살아온 국내산 목재가 한국의 가구로 가장 잘 맞는다고 생각한다. 그래서 그의 가구 제작 원칙은 무조건 한국에서 자란 나무를 사용해 가구를 만드는 것이다.

그는 나무에 대한 편견이 없다. 나무 자체의 성질을 이해하고 인정하며 만든 가구가 최고의 가구라고 생각한다. 특성이 강해 가구 만드는 사람들이 기피하는 나무에도 가구로 태어날 만한 빼어난 장점이 있다고 한다. 각각의 나무가 가진 특성만 이해하면 모두가 다른 개성을 가진 뛰어난 재료라는 것이다. 때문에 옹이나 나무 특유의 크랙crack, 균열에 대해서도 사전에 특별한 조치를 하지 않는다. 비바람 맞고 햇살 받으면 나무의 특성상 크랙이 생기는 것이 당연한데, 크랙이라는 나무가 가진 기본적인 성질을 나타내기도 전에 상품화하기 위해 그것을 인공적으로 막게 되면 언젠가 다른 문제를 일으킬 수도 있다는 것이다. 이런 그의 고집 때문에 보편적 생각을 갖고 가구를 주문하는 고객과 갈등을 빚었던 경험도 적지 않았지만 가구에 대한 그만의 철학은 꺾을 수 없었다.

"가구는 주거 공간에서 조연으로 존재해야 합니다. 너무 멋있거나 조심스러울 정도가 되면 거꾸로 사람이 외면당해 조연이 되는 경우가 있어요. 주거 공간에서는 언제나 시간이 지나면서 천천히 가구가 눈에 들어오는 것이 옳다고 생각합니다. 가구가 사람을 위해서 존재해야 하는 것이지 사람이 가구를 모시고 살 필요는 없거든요."

그에게 가구는 작품이기도 하지만 철저히 사람을 위한 생활공간에서의 조연일 뿐이다. 때문에 자신의 작품들이 사용자에게 심리적으로 좋은 감정을 자극하는 가구로서 역할해 주기를 바란다. 그 범주에서 사람들이 경험해 보지 못했던 감수성을 가진 새로운 향과 모양 등의 성질을 가진 나무를 찾아내기 위해 이렇게도 열심이란다.

그의 대표작 〈감성의자〉의 탄생은 이 모든 이야기를 담고 있다.

"전 제 삶을 가구에 담아내려고 노력합니다. 때문에 그간 제작된 제 가구들의 변화는 제 삶의 변화와 닮아 있습니다. 〈감성의자〉는 제가 아주 절망적인 상황에서 만들어졌습니다. 사람의 힘으로는 마음을 보듬어 줄 수 없었던 상황에서 복잡한 머리와 무거운 어깨를 기댈 수 있는 것을 생각하다 만들게 된 것이 〈감성의자〉입니다."

나무가 가진 그대로의 '성질'을 살린
박홍구 씨의 감성의자 작품들
◀▼

세상에 이런 사람 하나쯤은

예술가들의 현실은 냉혹하다. 예술성과 경제적 성공이 마치 대척점에 있는 것만 같다. 자신만의 길을 선택할 것인가, 대중성과 타협할 것인가 하는 선택의 갈림길은 대부분의 예술가들이 언젠가는 맞닥뜨리게 되는 고민의 순간이다.

박홍구 씨 역시 스스로의 삶이 '비포장 길'이었다 할 정도로 계속되는 어려움을 겪어야 했다. 가구 디자이너로서의 좋은 학벌, 좋은 인맥 없이 혼자만의 길을 개척해 온 그에게 먹고사는 일이란 비포장 길을 달리듯 버거운 것이었다. 좀 더 대중적이고 상업적인 가구를 만들면 어떻겠느냐는 권유도 많이 받았지만 '나만의' 특별한 가구를 만들고 싶다는 꿈을 버릴 수는 없었다.

"그래도 세상에 나 같은 사람 하나쯤은 있어야 하지 않을까요?"

경제적인 어려움은 헤아릴 수 없지만 그조차도 하나의 과정이라 믿어 왔다. 소원하는 게 이루어지면 모든 문제가 해결되고 끝날 것 같지만 막상 해결되고 나면 바로 낭떠러지라는 그의 말은 그래서 더욱 의미심장하다. 몇 십 년이나 되는 삶의 여정이 하나의 결승점을 향해 뛰는 마라톤이 아닌 단거리 경주의 연속일 수 있다는 것을 그는 알고 있다. 그러나 두렵지 않다. 만들고 싶은 가구를 만들 수 있도록 격려하는 아내, 날카로운 비판과 아이디어를 제공하며 어엿한 멘토 역할을 하는 아들 그리고 나무만 있으면 충분하다.

지금의 그는 독보적인 스타일로 인정받는 가구장이다. 가구의 소재로 대접받지 못하던 나무들마저 훌륭한 가구로 바꿔 놓듯, 그의

삶과 예술 역시 그렇게 진화하고 있다.

사람의 품성이 담겨 있는 가구

"가구에는 그 사람이 담겨 있어야 합니다."

비슷한 소재로 만들면 비슷한 결과가 나올 수밖에 없다. 나라도 새로운 것을 시도해 보아야겠다고 결심하고 어려운 길을 택했다는 그의 말은 대량 생산되는 '기성품'이 주류인 가구 시장에서 낯설기까지 하다. 그래서 고객과 직접 대면해서 인상과 습성, 성격 등을 파악한 후 제작한다는 그의 가구는 제품이나 예술품의 차원을 넘어 한 사람과의 감성 교류를 통해 태어난 결과물이다.

비슷비슷한 공간에서 비슷비슷한 가구들 사이에서 그게 그것인 하루를 살다 보면 나마저 비슷비

숫한 사람이 되어 갈 것 같다. 집 안에는 애착을 가질 무엇이 필요하다. 이참에 내 감성을 이해하고 나를 닮은 가구 한 그루 심어 보시면 어떨지 제안해 본다. 마치 내 마음 한 공간에 나를 이해해 주는 나무를 심고 정성 들여 키우듯 말이다.

경기도 이천시 설성면 설가로219번길 94
031-642-4511

네가 가진 만큼만 즐겨라

자전거 공방 **두부공**

요즘 유행하는 빈티지 스타일의 철물 간판에
간결한 글씨체로 '두부공'이라고 새겨져 있다.
낡은 듯한 느낌의 간판과 잘 어울리는 벽돌집.
상수동 인근에 밀집해 있는 여느 카페들처럼 예쁜 외관의 이곳은
곳곳의 벽면에 휠이 걸려 있는 자전거 세계다.

두부야, 자전거를 타니 세상이 넓어졌구나

머리 말고 손을 쓰고 싶었다. 나무를 만질까, 쇠를 만질까, 불을 만질까? 무슨 일이든 손과 몸을 써서 노동하고, 노동한 만큼 대가를 받는 일을 하고 싶다고 막연하게 생각하고 있을 때, 어머니가 자전거를 사서 타 보시더니 하셨던 한 마디.

"두부야, 자전거를 타니 세상이 넓어지더라."

서울 마포구 당인리 발전소 근처에 있는 자전거 공방 〈두부공〉의 대표 김두범 씨의 별명은 두부다. 어떤 블로거는 그를 곰과 닮았다며 '두부곰'이라고 부르기도 한다. 병석에 계시다 기운을 차린 지 오래지 않았던 어머니의 눈에 어린 그 작은 환희가, 무슨 일에 손을 쓸까 고민하던 그를 결단으로 이끌었다. '내 손으로 자전거를 만들자'고. 자

전거를 통해 사람들에게 더 큰 세상을 줄 수 있으면 좋겠다 싶었다.

전국의 자전거 마니아들과 동네 주민들에게는 이미 유명한 〈두부공〉은 국내에 몇 없는 '프레임 빌딩frame building'을 하는 공방이다. 자전거의 뼈대라고 할 수 있는 두 개의 삼각형을 프레임이라고 하는데, 김 대표는 이 골격을 수작업으로 만들 수 있는 프레임 빌더다. 나만의 수제 자전거 제작은 물론, 기성 자전거 또한 내 몸과 취향에 딱 맞게 개조할 수 있다. 원하는 디자인은 물론이고 신체 조건, 자전거를 탄 경력이나 습관까지 고려해야 하는 것이 자전거 제작이다. 이러한 요소들을 계산해서 태어난 자전거이기에 세상에 단 하나뿐인 것이다. 주인이 될 사람의 몸과 필요성에 맞추어 자전거를 구상하고, 직접 설계도를 그리고, 바퀴살을 짜고, 부품을 골라 용접을 하고, 도색을 한다. 어떤 자전거는 일주일이면 만들지만, 어떤 자전거는 세 달이 걸리기도 한다. 설계대로 부품이 따라 주지 않는 일도 있다. 자전거를 제작하는 것 자체가 신나는 일이지만 디스크 마운트 옮겨 달기 같은 본인만 할 수 있는 개조 기술들을 발휘할 때는 재미를 넘어 뿌듯하기까지 하다.

김 대표는 한국 바이크 아카데미에서 자전거 정비부터 배운 뒤, 당시 한국에는 교육 기관이 전무했던 프레임 빌딩을 배우기 위해 미국 오리곤의 자전거 학교 UBI United Bicycle Institute로 유학했고, 이후 일본의 자전거 회사 '3렌쇼' 출신의 장인 다나카로부터 프레임 빌딩을 배웠다.

수제 자전거를 필요로 하는 전국의 자전거 마니아들에게 인정받

여느 카페들처럼 예쁜 외관의 이곳은
들어가 보면 곳곳의 벽면에 휠이 걸려 있는
자전거 세계다.

◀▼

은 실력자지만 가장 많이 하는 작업은 수리다. 그다음이 판매, 제작 순이라서 자전거를 가진 동네 사람들에게도 유명하다.

내가 찾아갔던 날은 중학생쯤 되어 보이는 손님이 찾아왔다. 친한 동네 형 대하듯 한다. 무슨 부품을 갈아야 하는데 만 얼마가 든다고 하자 학생은 가진 돈이 삼천 원밖에 없단다. 김 대표는 난감하다는 웃음을 지으며 이리저리 자전거를 손봐 준다. 갑자기 중학교 때 교과서에서 읽었던 버찌 이야기가 생각났다. 꼬마 아이가 열대어를 사려고 수족관 주인아저씨에서 은박지에 고이 싼 버찌 씨앗을 내밀던 장면 말이다.

자전거를 타면 통증이 있다고 호소하는 이웃에게 정상적인 통증과 비정상적인 통증의 종류를 설명해 주며 자세 교정이나 사이즈 조정을 권해 준다. 지나가다가 자전거 구경을 하러 온 이웃들에게도 웃음을 내어준다. 길을 걷다가 〈두부공〉에서 손본 자전거를 타고 잘 달리는 이웃들을 보면 더할 나위 없이 기쁘다는 그. 단어조차 생소한 작업에 오랜 연구와 연습을 거듭하며 매달린 그에게서는 엄격한 장인의 냄새보다는 고향에 내려와 자전거포를 연 동네 삼촌 같은 느낌이 난다.

〈두부공〉의 꿈은 그렇게 소박할 수가 없다. 노동을 하고 싶지만 장인이 되고 싶은 건 아니란다. 아니나 다를까 그의 화두는 럭셔리한 커스툼 자전거에 있는 것이 아니라 사실 '손 때'에 있었다. 사람이 만드는 사물은 늘 진보한다. 진보를 거듭하는 사물 속에서 자전거는 타협과 진보를 멈춘 아이템 같다고 그는 말한다. 사람이 내는 열량으로만 움직이는 자전거, 사람의 힘으로 시작해서 사람의 힘으로 끝나는 매력적인 동력이다.

명품 샵을 열어서 돈을 벌고 싶은 생각보다는 사람의 땀이 닿고, 사람의 이야기가 쌓이고, 우리 집에서 십 년 키운 강아지처럼 정든 가족 같은 존재를 남기고 싶은 것. 누군가의 집집마다 그런 자전거가 되기 위해서는 '공장표'가 아니라 손으로 만들어 낸 것이었으면 한다.

손은 거짓말을 하지 않는다

한국에서 기술자로 산다는 것은 용기가 필요한 일이기는 하다. 하지만 그는 노동에 희망이 있다고 생각한다. 서울만 벗어나도 차 수리 등 기술을 가진 사람들이 어느 정도 응당한 대접과 존중을 받는 분위기이지 않은가? 아니나 다를까 〈두부공〉의 꿈은 지방 소도시에서 이웃들의 사랑방 같은 자전거포를 차리는 것이다. 거짓말을 하지 않는 정직한 손으로 노동을 하고 자전거를 매개로, 평계로 사람들이 드나드는 동네 사랑방이 되고 싶다.

미국의 경우는 무엇이든 직접 만드는 DIY 인구가 워낙 많아서 자전거 제작이 접근하기 쉬운 취미 생활이 되어 있다. 그래서 DIY 공방과 커뮤니티가 동네마다 무척 많은데 그 속에서 기술 공유가 잘 이루어져 보기가 참 좋았다고 한다. 자신이 가진 기술을 나누며 공동체를 만들어 가고 싶다는 그의 꿈이 〈두부공〉의 인기로 이루어지고 있는 것 같다. 그래서 진작 지역공동체 품에, 주말 수업, 민들레학교,

▶
김 대표는 손으로 하는 노동에 희망이 있다고 생각한다.
자신이 가진 기술을 나눌 수 있는
공동체를 만들어 가는 것이 꿈이다.

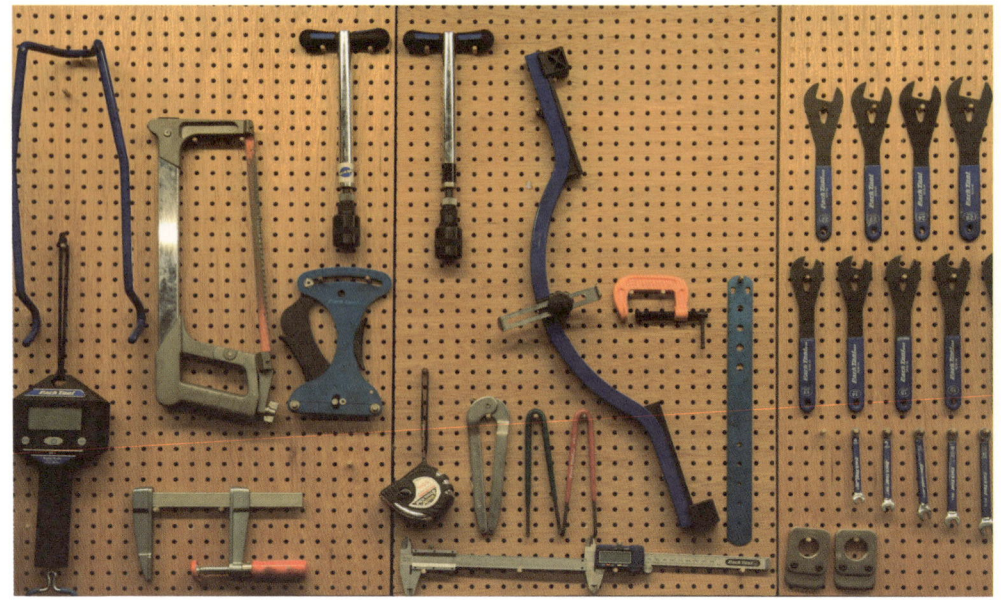

　민중의 집 등에서 정비 수업 등으로 재능 기부를 하고 있는 〈두부공〉은 곧 일반인을 대상으로 한 수제 자전거 교실도 열 계획이다.
　자전거를 타는 사람들이 점점 늘어나고 있다. 한국인 네 명 중 한 명 꼴로 자전거를 갖고 있다고 한다. 그러나 화려하게 장비를 갖추고, 비싼 자전거를 사고, 유연하게 흐르던 강을 깎아 곧게 닦은 도로를 달리는 것보다는 베란다 구석에 처박아 두었던 내 낡은 자전거를 꺼내 동네를 한 바퀴 돌아 보는 것이 어떨까? 오래된 친구처럼 조용히 기다리고 있어 주었던 그것을 광내고 기름칠하고 묵은 대화를 다시 꺼내 보고 싶다.
　동네 달리기가 지루해질 때 즈음이면 프랑스의 뚜루드프랑스, 피

렌체 자전거 길처럼 우리에게도 있는 옛길을 발굴했으면 좋겠다. 그러다가 어느 날쯤 〈두부공〉에 가서 나만 가질 수 있는 자전거를 만들어 보고 싶다. 내 체력이 줄면 주는 대로, 늘면 느는 대로 솔직한 속도를 내어 줄 자전거. 가진 만큼 달리고, 가진 만큼만 즐기라는 자전거의 이야기를 들으면서.

서울시 마포구 와우산로 3길 50
02-3141-9399
www.dooboogong.com

착한 가게의 바삭바삭한 꿈

분식점 **요요미**

잘나가는 음식점은 늘 유혹에 직면한다.
모여드는 손님을 위해 좀 더 간소화된 조리법을 찾고 싶은 유혹,
남은 식재료를 딱 하루만 더 쓰고 싶은 유혹,
줄 서는 가맹점 문의를 다 받아 주고 싶은 유혹…….
그러나 분명한 것은 스스로에게 만족할 수 있는 성공이라는 것은
그 모든 것을 넘어서는 지점에 있다는 것이다.

따뜻한 엄마 밥 대신

'요요미 김튀석즉'이하 〈요요미〉이라 쓰인 소박한 간판에서 고소한 냄새가 풍기는 것 같다. 평일인데도 테이블을 채운 손님들과 포장 손님들로 붐빈다. 거창한 인테리어도, 오랜 전통도, 버라이어티한 메뉴도 없지만 퇴근 시간이나 주말이면 손님이 한 시간이 넘도록 줄을 서서 기다린다는 집에는 분명 이유가 있을 것이다.

대체로 분식이라면 어린 학생 손님들이 떠오를 법한데 이곳을 찾은 고객들은 튀김과 맥주를 함께 즐기는 중년과 아이들을 데리고 온 가족, 대학생으로 보이는 젊은 연인들 등 연령대가 다양하다.

인터뷰에 앞서 바삭함이 살아 있는 여러 가지 재료의 튀김류와 자작한 국물이 있는 떡볶이 그리고 시원한 맥주를 먹어 보기로 했다.

고온의 기름에 살짝 튀겼다가 건져내어 튀김옷이 눅눅하지 않고 바삭바삭하다. 기름이 깨끗한지 쩐 냄새가 전혀 없어 많이 먹어도 느끼하지 않다. 채소는 무른 것 하나 없이 아삭하고 해물은 싱싱함이 느껴졌다. 이로 끊을 때 튀김옷이 홀랑 벗겨지지 않도록 오징어 튀김은 몸통 부분만 사용한다고 했다. 전투적인 미식가들에게도 사랑받을 만한 맛이지만 가격도 보통 분식집과 별 차이가 없으니 마음 편히 들러봄 직했다.

이곳 〈요요미〉의 창업 이야기에는 늘 빠지지 않는 단어가 있다.

'아내' 그리고 '아이들'

이것이 〈요요미〉의 박종명 대표가 음식 하나하나에 공을 들이는 의미다.

"제 아내는 암 수술을 두 번 했어요. 그래서 큰아들을 부모님 댁에 맡겨 놓았던 시간이 많았지요."

아내가 부재했고, 박종명 씨 본인은 생업에 매달려야 해 조부모 집과 가게를 오가던 아이에게 내놓을 수 있는 건 〈요요미〉의 튀김뿐이었다. 튀김은 따뜻한 엄마 밥 대신이었고, 가까이서 돌보고 싶은 마음 대신이었고, 미안함과 위로 대신이었다. 그러니 덜 신선한 재료, 두 번 이상 조리한 튀김은 쓸 수 없다. 이것이 아이들과 함께 오는 손님들이 믿고 먹어도 된다고 강력히 추천하는 이유다.

그에게는 창업 후 지금까지 지키는 철칙이 있다. 모든 재료는 당일 구매해 당일 판매하는 것이 그 첫 번째이고, 두 번째는 매일매일 새 기름을 사용하는 것이다. 장사하는 입장에서는 위험 부담이 클 수

있는 결코 쉽지 않은 결심이다. 끼니가 아닌 분식의 특성상 그날의 판매량을 예측할 수 없거니와 재료 손질에 오랜 시간이 걸리기 때문에 준비한 재료가 동나면 시간과 상관없이 장사를 마쳐야 한다.

재료가 남거나 음료와 맥주류의 신선 기일_{유통 기한보다 짧은 기한}이 다가오면 퇴근길 지나가는 단골손님들을 불러 세워 나눠 주기도 한다. 그만큼 음식의 신선함을 생명으로 여긴다. 이렇게까지 당일 판매 원칙을 지키는 데에는 '이번에 괜찮다고 넘어가면 분명 언젠가는 큰 문제로 마주한다'는 그만의 철칙이 있기 때문이다. 프랜차이즈 분점을 내고 싶다며 찾아오는 사람들도 많았지만 남은 음식 재료와 기름은 그날그날 폐기해야 한다는 약속을 망설이는 사람에게는 절대 허락하지 않았다.

"돈이 목표였다면 여기까지 오지 못했을 겁니다. 이윤을 더 남기고자 하면 지금까지 제가 걸어온 과정을 모두 번복해야 하거든요. 마진을 높이기보다 왔던 손님을 다시 오게 해야겠다고 생각했습니다."

직원이 여럿 있지만 손님들이 맛이 변했다

고 생각하는 일이 없도록 그는 매일 아침 재료 손질과 양념 만드는 일만큼은 직접 하고 있다.

조리복 입은 모험가

대학에서 건축학을 전공한 그는 졸업 후 탄탄한 공기업에 취직했으나 2년 만에 그만두고 자신의 꿈을 위해 창업에 도전장을 내밀었다. 그렇게 컨설팅 회사를 창업했지만 준비가 성급했던 탓에 예상만큼 좋은 결과를 얻지 못하고 다시 직장 생활을 하게 되었다. 하지만 '나이 마흔에는 내가 결심했던 인생의 반만큼이라도 가야 한다'는 자신의 오랜 생각과 나날이 커 가는 아이들을 보며 용기를 냈다. 지난 실패를 교훈으로 삼아 40여 장에 이르는 사업 기획안을 몇 날 며칠 준비해 부인을 설득하고 좀 더 꼼꼼한 창업 준비로 재도약을 꿈꿨다.

처음에는 반대했던 아내도 사업 기획안까지 준비한 남편의 노력에 결국 소자본 창업이 가능한 분식점 사업을 함께 준비하게 된다. 처음에는 남들처럼 프랜차이즈 가맹점을 생각해 봤지만 과도한 권리금과 운영비에 결국 자신만의 분식점을 시작하기로 했다. 유명하다는 분식점들을 찾아다니며 맛을 보고 여러 상권을 다니며 점포를 알아보았지만 적당한 가격에 원하는 위치의 매장을 찾을 수 없었다. 그렇게 시간이 지나갔고 대형 상권과는 다소 동떨어진 곳에 위치한 현재의 점포를 만나게 된다.

그는 계약에 앞서 상권을 분석하기 위해 4일 정도를 매장 주변에

▲ 〈요요미〉 박종명 대표(오른쪽)와 직원들

서 서성이며 관찰했다고 한다. 번화가는 아니었지만 버스 정류장이 있는 대로변 인근이라 출퇴근 유동 인구가 제법 있었고, 주 소비층인 아이들과 그 부모인 20~30대 주부들이 주변에 다수 살고 있다는 것을 확인한 그는 주저하지 않고 바로 계약을 하고 사업을 시작했다.

확신은 있었지만 처음부터 지금과 같은 호황을 누린 것은 아니었다. 시작하고 한동안은 오후 파트타임 아르바이트 시급을 주기도 빠듯할 정도로 어려웠다고 한다. 부부가 직접 조리하고 서빙을 한 덕분에 비용을 절감할 수는 있었지만 이미 한 번 실패를 맛봤던지라 조바심은 감출 수 없었다.

음식에 대한 나름의 철학을 가진 주인이 운영하는 음식점도 더러 있지만, 짧아진 정년, 불안정한 고용 상황 때문에 조직 밖으로 밀려나온 사람들에 의해, 그리고 단순히 창업이 쉽다는 이유로 요식업체들이 하루가 다르게 늘어나고 있다. 거리는 매일 창업과 폐업을 반복하며 생존 싸움을 한다. 소비자들의 미각 수준도 따라 높아져 배를 채우는 단순한 목적에서 벗어나 좀 더 '안전한 먹을거리'를 찾는 과정에 집중한다.

'내 아이에게 자신 있게 먹일 수 있는 음식을 만들겠다'는 그의 신념 덕분에 요식업 창업이라는 치열한 전투에서 어엿이 살아남을 수 있었다. 입소문을 타고 착한 식당으로 방송까지 타면서 먼 지방에서 KTX를 타고 올라오는 손님까지 생길 정도다.

조금 소박하더라도

이제 4년차에 접어든 〈요요미〉에게는 또 다른 고민들이 생겼다고 한다. 장사는 잘되는데 낯익은 얼굴들이 뜸해졌다는 이야기다.

"매스컴을 타고 손님들이 많아지면서 도리어 단골손님들이 밀려난 거 같아 아쉬워요."

요즘 손님들에게 가장 많이 듣는 이야기는 "얼마나 기다려야 해요?"라는 말이라고 한다. '착한 가게'로 선정된 방송을 본 손님들이 전국 각지에서 몰리면서 선주문 후조리 방식으로는 감당하기 어려운 지경이 되었다. 그렇다고 음식을 미리 튀겨 놓는 것은 〈요요미〉가 아니니 딜레마다.

무슨 분식점이 예약이냐며 화를 내고 돌아서는 손님도 있었고 잠시 화장실이라도 다녀올라치면 '손님은 기다리는데……'라는 따가운 눈총을 받기도 여러 번. 그래서 기다리는 손님들에게는 먼저 주문을 받고 휴대폰 번호를 받아 적은 뒤 손님이 다른 볼일을 보는 동안 음식을 만들고 전화를 주는 해결책을 마련했다. 기다리던 손님들에게 다른 카페나 가 볼 만한 곳을 추천하므로 주변 상권에까지 활력을 주게 되었다. 사람들과 더불어 잘살고 싶은 마음, 조금은 이루어 가고 있는 것 같다.

음식점은 사람과 사람을 이어 주는 장사다. '대박'이나 '성공 신화'라는 유혹을 향해 단거리 경주하듯 질주하다 보면 사람보다는 매출 전표에만 열을 올리게 되고, 음식을 하는 사람과 먹는 사람의 관계는 사라지고 만다.

▲
가게 한 편에 걸려 있는 〈요요미〉 이용 수칙

◀
넉넉지 않은 주차장 때문에 멀리서 어렵게 찾은 고객에게도,
주변 상인들에게도 미안한 마음이 한가득이다.

하지만 여기 다른 한 길을 가는 분식점을 만났다. 매년 임대인이 바뀌던 자리에 거대 프랜차이즈 가맹점도 아닌 작은 가게 〈요요미〉가 이제 4년째 성업 중이다. 지금 이 순간에도 가족의 소박한 꿈이 고소한 내음을 풍기며 바삭바삭 튀겨지고 있다.

서울시 은평구 은평로11길 3-1 성은빌딩 1층
070-4312-5985
blog.naver.com/yoyomi_fry

따뜻한 감성 그리고 아날로그

만년필 병원 **만년필연구소**

사각사각…… 오래된 만년필로 딸에게, 연인에게
편지를 쓰는 일은 사라졌다.
만년필도, 손 편지도 귀한 시대.
그 감성을 이어 나가고자 하는 〈만년필연구소〉는
그 존재 자체만으로도 고맙다.

오래되고 낡을수록 더 귀해지는

낡은 서랍 속 어딘가에 잠들어 있는 만년필. 오래전 아버지가 쓰셨던 '파커 45', 중학교 졸업식 때 받았던 '아피스', 도통 생각이 나지 않는 낯선 만년필까지 빛바랜 추억을 간직하고 있는 소품이다. 글을 쓴다는 이유로 종종 만년필 선물을 받았다. 비록 원고지에 글을 쓰는 시대는 지났지만 만년필 한 자루쯤 가지고 있으면 유명한 작가가 될 것 같은 기분이 들었다. 하지만 샤프나 볼펜에 길들어 있던 습관 때문에 만년필을 쓰는 건 쉽지 않았다. 내 만년필은 세상 깊숙한 곳에 외롭고 고요하게 묻혀 있다.

볼펜이 흔한 세상. 만년필을 무척 사랑하는 사람들이 있다. 그들은 필통에 몇 자루의 만년필을 가지고 다니며 만년필의 추억을 모른 체하지 않는다. 만년필 펜촉이 어긋남을 안타까워하고, 잉크가 스미는 그 순간의 미묘한 느낌을 안다. 1888년부터 만년필을 생산하기 시작한 파커PARKER는 지난 5년간 전 세계의 만년필 시장이 부활하고 있다고 밝혔고, 최근 젊은이들 사이에서 주목받고 있는 라미LAMY의 매출 역시 5퍼센트 증가세를 보이고 있다. 또 만년필 동호회 '펜후드'엔 20~30대 회원들이 2배 가까이 늘면서 활기를 되찾고 있다. 아날로그로의 반가운 귀환이다.

만년필은 한 번 쓰고 버리는 소모품이 아니다. 손때가 묻을수록 그 가치가 올라간다. 만년필 마니아들은 비싼 만년필보다는 역사가 스며 있는 만년필이 최고라고 입을 모은다. 오래도록 사용하기 위해서는 고장 난 만년필을 제대로 잘 고치는 곳이 필요하다. 하지만 그런 곳을 찾기란 쉽지 않다. 만년필 회사들도 수리를 못하는 만년필이 무수히 많기 때문이다.

무엇보다 만년필을 고치는 것은 단지 기술만으로 해결되지 않는다. 만년필과의 밀접함. 1밀리미터 단위도 무심히 보지 않는 어마어마한 세심함이 필요하다. 우리나라에 유일무이하게 그런 눈을 가진 사람이 있다. 바로 〈만년필연구소〉를 운영하고 있는 박종진 소장이다. 무수한 역사가 깃든 만년필을 고치기 위해 그를 찾아오는 손님들은 한두 시간쯤은 거뜬하게 기다린다. 마치 유명한 약방을 찾는 사람들처럼 말이다.

만년필 주치의, 박종진 소장

▲ 연구소 책상. 만년필에 관한 모든 것이 놓여 있다.

세상 어디에도 없는 〈만년필연구소〉

토요일 오후 3시, 인쇄소가 몰려 있는 을지로 3가 골목의 한 건물에 위치한 〈만년필연구소〉에 사람들이 길게 늘어선다. 열 평도 되지 않는 아주 작은 공간이지만 이곳을 찾아오는 사람들은 문 밖에 서 있어도, 한 시간이나 기다려도 그것을 '수고'라고 생각하지 않는다. 자신이 아끼는 만년필의 유일한 주치의인 〈만년필연구소〉 박종진 소장을 만날 수 있기 때문이다. 공간의 3분의 2를 차지하고 있는 탁자에는 만년필과 종이, 잉크와 커피 등이 아무렇게나 널브러져 있다. 바쁘게 돌아가는 연구소나 진료실 같은 분위기다. 의사마냥 박 소장이

고장 난 만년필을 진료하고, 박 소장의 제자인 김봉현 씨가 곁에서 돕는다.

이곳을 찾으면 진료서를 먼저 작성해야 한다. 만년필의 종류, 만년필의 증상을 꼼꼼하게 적는다. 점검과 간단한 닙 교정은 무료다. 펜촉이 휘었거나 펜을 완전히 분해해야 하는 경우에는 잉크 한 병을 받는다. 부품을 교체할 경우엔 부품비가 추가된다. 수리비는 무료이거나 잉크 한 병뿐이다.

토요일 오후만 되면 긴 줄을 늘어뜨린 만년필들. 그중 가장 많이 찾아오는 펜은 '몽블랑'이다.

"비교적 고가 제품이고 선물로 받은 것이 많아 소중하게 생각하기 때문인 것 같아요. 펜촉이 휘는 고장뿐 아니라 쓰던 느낌이 조금이라도 달라지면 찾아오거든요. 만년필이 워낙 섬세한 필기구이기 때문이에요."

만년필은 부드럽게, 빨리 써지는 필기감 덕분에 고시생들에게 인기가 많다. 답안 작성하던 펜이 휘었거나 필기감이 변했을 때 들고 오는 경우도 꽤 된다.

자기 순서를 기다리는 동안 이곳을 찾은 고객들은 서로의 펜을 교환하며 써 보기도 한다. 아버지가 쓰시던 만년필을 고치러 온 김용욱 씨는 만년필의 매력에 빠진 지 얼마 되지 않았지만 모든 글씨에 만년필을 고집한다. 이승준 씨는 만년필 수리가 끝났어도 이 공간이 좋아 몇 시간이고 머무르며 동호회원들과 이야기를 나눈다.

"이 공간은 따뜻함이 느껴져요. 늘 소장님의 활기찬 웃음소리가

▲
토요일 오후가 되면 입구엔
긴 줄이 이어진다.

▶
진단서에 고장 난 펜의 브랜드와
증상을 자세히 적어야 한다.

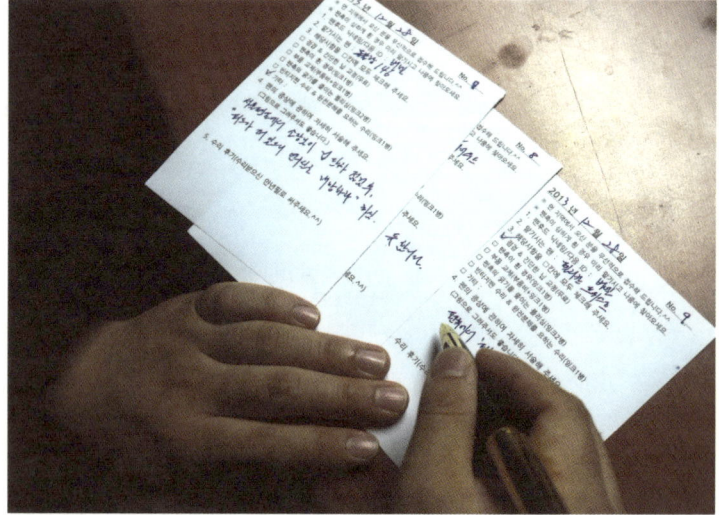

들리거든요. 단지 수리를 위해 오는 공간이 아니에요. 만년필에 대한 모든 이야기를 할 수 있어요. 만년필을 좋아하는 사람들이 만년필에 담긴 이야기를 공유할 수 있어요."

명품 만년필을 소중히 들고 온 어느 손님의 만년필이 가짜인 걸 알았지만 말을 하지 못한 사연은 아직도 쉬쉬하며 이어오고 있다. 박목월 선생의 손녀가 할아버지가 쓰시던 만년필을 가져오기도 했다. 모든 만년필에는 사연이 깃들어 있다. 그래서 고치는 사람도 진심을 다하게 된다. 다양한 사연을 가진 만년필 40여 개를 고친 후에야 연구소가 한적해졌다.

만년필 마니아, 그 애정의 끝

〈만년필연구소〉의 소장이자 온라인 카페 '펜후드'의 회장인 박종진 씨는 전 세계 만년필을 고칠 수 있는 유일한 전문가다. 평일에는 회사원이지만, 매주 토요일이면 〈만년필연구소〉 소장이 된다. 무려 7년째다.

"오래 한다고 전문가가 되는 건 아닌 것 같아요. 예민한 감각이 있는 사람만이 만년필의 세계에 들어갈 수 있어요."

기술만 가지고는 고칠 수 없다는 말이다. 만년필 회사에서 A/S를 맡겨도 고쳐지지 않은 것도 이곳에 오면 수리가 가능하다. 만년필 기본서 270여 페이지를 3일 만에 뚝딱 써 내려가는 그는 만년필에 관한한 박사급이 틀림없다.

처음부터 이렇게 사람들이 모여든 건 아니다. 처음에는 한두 명밖에 오지 않았다. 그때마다 최대한 정성스레 만년필을 고쳐 주었고, 점점 소문이 나기 시작했다. 이곳에서는 단순히 만년필만 고치는 것이 아니다. 만년필을 사용하다 생기는 문제점과 스트레스까지 풀 수 있다.

〈만년필연구소〉를 찾는 사람들은 만년필의 매력에 푹 빠져 있는 마니아들이다. 마니아가 되는 데도 단계가 있다. 먼저 만년필의 필기감에 푹 빠진다. 그다음, 폼 나는 만년필을 찾게 된다. 시계, 액세서리, 가방처럼 자신의 가치를 드러내는 장신구로써의 역할이다. 이 단계가 지나면 자기가 생각하는 이상적인 만년필을 찾아 나선다. 클립 부분은 어떤 곡선이면 좋겠고, 펜촉의 양쪽은 5:5가 되었으면 좋겠다는 보다 구체적인 이상향이 갖추어진다. 원하는 만년필이 있다면 해외 대행 구매를 하거나 외국에 나가는 것도 서슴지 않는다. 마지막 단계는 세상의 모든 만년필을 사랑하게 되며 남의 만년필까지 관심을 갖게 되는 경지다. 바로 박 소장이 이런 경우다. 자신의 만년필뿐 아니라 남의 만년필까지 고쳐 주지 않고는 못 배기는 것이다. 또 하나의 특징은 만년필에 대한 소유욕이 사라진다는 것이다. 현재 그가 가지고 있는 만년필은 '쉐퍼 라이프 타임 제이드 그린', '수퍼 로텍스', '에버샵 심포니' 등 15여 종이 전부다. 자타가 공인하는 만년필 마니아인 김용래 씨도 처음에는 100여 개의 만년필을 한꺼번에 구입할 정도로 애정을 보였지만 이제는 몇 개의 만년필만 소장하게 되었다.

만년필을 수리하기 위해서는
예민한 감각과 깊은 정성이 필요하다.

◀
만년필 수리비는 착한 비용.
고작 잉크 한 병이다.

가장 빛나는 만년필은 사연이 있는 것

만년필은 오해와 편견 때문에 다가서기 쉽지 않다. 우리나라에 처음 들어온 만년필은 고가 위주였다. 그래서 비싸다는 인식이 강하다. 다이아몬드로 장식된 '카렌다쉬'는 22만 달러를 호가하고 '몽블랑 로얄'도 12만 달러가 넘지만 이런 제품만 있는 것이 아니다. 유럽에서는 초등학생도 쓰는 필기구로 누구나 사용할 수 있는 보편적인 펜이다. 그리고 비싼 만년필이라고 무조건 좋은 것도 아니다. 문구점에 파는 2천 원짜리 만년필이나 수백만 원을 호가하는 만년필이나 필기감은 가격만큼 차이가 나지 않는다. 만년필의 가치는 세월이다. 비싼 만년필을 가진 사람보다 오랜 역사를 지닌 만년필을 가진 사람이 만년필 마니아 사이에서는 동경의 대상이 된다.

또 만년필은 불편하지 않다. 조금만 길들이면 이보다 편한 펜은 없다. 볼펜은 유성이라 굴려야만 써지지만, 만년필은 수성이기 때문에 중력과 모세관 현상에 의해 자연스레 잉크가 종이게 흡수된다. 인력을 많이 들이지 않아도 방향만 잡아주면 자연스럽게 써진다. 글씨를 많이 써야 하는 고시생들이 만년필에 빠지는 것도 이런 이유다.

박 소장이 생각하는 가장 완벽한 만년필은 '파커 51'. 사용 전 흔들지 않아도 바로 필기를 할 수 있고, 잉크가 끊어지거나 쏟아지지 않고 채운 잉크가 저장고에서 수개월이 지나도 마르지 않는다. 무엇보다 한 세대가 쓸 수 있는 최소한의 기간인 30년을 아무런 부품 교체나 수리 없이 사용할 수 있다.

한번 만년필을 쥐게 되면 그 매력에 스르르 빠지게 된다. 손편지 한 장을 쓸 수 있는 계기가 되고, 좋은 글귀를 선물할 수 있는 기회가 만들어진다.

〈만년필연구소〉는 우리나라 만년필 사용자에게 있어서 유일한 '사랑방'이자 '성지'다. 정기적으로 만년필 사용자들이 한 공간에 모여서 여러 가지 정보를 격의 없이 교환할 수 있다는 점에서 '사랑방'이고 세계 어디에서도 받아 보기 어려운 수준의 만년필 수리를 통해 만년필이 다시 살아나는 곳이란 의미에서 '성지'다. 만년필이란 아날로그를 잊지 못해 찾아오는 사람들이 있기에 오늘도 〈만년필연구소〉는 활짝 열려 있다.

서울시 중구 충무로7길 3 502호
cafe.daum.net/montblank

건강해지는 맛,
삶을 담은 케이크

당근 케이크 집 **하우스 레서피**

사람들은 저마다 다른 방식으로 행복을 찾는다.
제주 바닷가 앞 작은 케이크 집의 주인장은
매일 같은 분량의 케이크를 정성스레 구우며
같은 질량의 행복을 느끼고 있다.
그 행복이 묻어나는 케이크의 맛은 그야말로 달콤했다.

제주를 기억하는 또 다른 회로

제주 협재 해수욕장에서 해안도로를 따라 북쪽으로 올라가다 보면 귀덕리 즈음에서 작은 빵집을 만난다. 당근 케이크 전문점이다. 생크림이나 아이스크림 케이크보다 건강해질 것 같은 기분에 이끌려 문을 열고 들어간다.

언젠가 제주에 갔을 때였다. 관광지에 싫증이 날 무렵, 맛집 탐방에 나섰다. 맛집 리스트를 빼곡하게 정리한 다음 며칠 동안 세 끼 꼬박꼬박 챙기고, 디저트까지 먹었다. 한 움큼의 바다가 들어 있는 오분자기, 비린 멜젓과 묘하게 어울리는 흑돼지 구이, 한 그릇만으로도 든든해지는 고기국수 등을 두루 맛봤다. 하루에 1킬로그램씩 살이 찌는 것 같았다. 서울로 출발하기 전, 마지막 들러야 할 곳이 바로 당근 케이크 집 〈하우스 레서피〉였다. 별다른 기대를 하지 않았다. 세상에는 수많은 케이크가 있고, 그중에 하나라고 생각했다. 가게는 생각보다 협소했다. 테이블은 딱 두 개. 끊임없이 들고 나는 손님들 대부분은 포장을 했다. 자리를 잡고 앉았더니 고양이 한 마리가 어슬렁거리며 다가왔다. 낡은 책들이 탁자에 아무렇게나 흩어져 있고, 오래된 의자는 천근만근 무거웠다. 이런 풍경이 오히려 익숙하고 다정했다. 홍차와 함께 케이크를 시켰다. 가게에는 금세 달콤한 빵 냄새와 홍차의 향이 엷게 퍼졌다. 케이크 한 조각을 맛보는 순간, 당근이 가진 순박하고 향긋한 맛이 입 안 가득 퍼졌다. 포슬포슬하지만 달지 않아 매우 건강해지는 맛, 그리고 자꾸자꾸 먹고 싶은 중독적인 맛! 그렇게 홍차와 완벽한 조화를 이룬 케이크 한 조각으로 제주를 기억

제주시 한림읍 귀덕리 바다 앞에 위치한 작은 가게 〈하우스 레서피〉
▼

하게 되었다.

서울 가서도 자꾸 그 맛이 생각났다. 한 번 먹고도 중독되는 그 맛 덕분에 이 집의 케이크는 날개 돋친 듯 팔린다. 예약전화가 끊이지 않고, 오후 3시가 되면 한 사람이 살 수 있는 양이 정해져 있을 정도로 제한을 두고, 5시가 되면 빵은 거의 남지 않는다. 이렇게 잘 팔리는 케이크 앞에서 주인장은 그저 묵묵할 뿐이다. 더 만들지도, 덜 만들지도 않는다. 가게를 넓히지도 않는다. 그저 부부가 오롯이 하루 분량만큼의 빵을 만들고 판다. 욕심을 뺀 케이크는 그래서 더 달고, 더 귀하다.

수분 많고 색 고운 구좌읍 당근으로 만드는 케이크

제주는 귤만 유명한 것이 아니다. 우리나라 당근의 70퍼센트는 제주에서 자란다. 제주 당근 중에서도 구좌읍에서 자란 당근을 최고로 친다. 질 좋은 화산 토양에서 자라 수분이 많고 달다. 색도 아주 곱다. 당근을 갈아 놓으면 그 색에 먼저 반하고 말 정도다.

〈하우스 레서피〉의 당근 케이크 포장상자엔 '제주 당근으로 만듭니다'라고 또박또박 쓰여 있다. 당근 케이크 맛의 비결이 바로 재료에 있다는 걸 단박에 알아버렸다. 여기에 가게의 주인장이자 파티시에인 권혁란 씨의 25년 노하우가 더해진다. 당근의 당도를 충분히 살리고 설탕을 아주 많이 덜어낸 그녀만의 특별한 레시피다.

이곳의 주 메뉴는 두 가지. 당근 케이크와 당근 머핀이다. 케이크

▲
맛도 건강에도 좋은 고운 빛깔 당근 케이크

에는 고소한 크림치즈가 듬뿍 들어 있고, 머핀에는 보드라운 빵 사이 잘게 채 썬 당근이 가득해 씹는 맛이 일품이다. 이 작은 빵집에서 쓰이는 당근이 하루에 20kg이 넘는다. 케이크 하나에 당근을 최대한으로 넣을 수 있을 만큼 아낌없이 넣는다. 마지막 케이크가 나오는 오후쯤에는 3개 이상 살 수 없는 것도 이곳만의 규칙이다.

그녀가 당근 케이크를 구운 지도 25년이 훌쩍 지났다. 보통 제과점에서는 단팥빵도 만들고 바게트도 굽는다. 하지만 그녀는 오로지 당근 케이크만 만들어 왔다. 미국에 살 때, 그곳에서 맛본 당근 케이크가 너무 퍽퍽하고 달아 자기만의 당근 케이크를 굽기 시작했다. 그녀의 솜씨로 탄생한 케이크는 인기가 좋았다. 그러다 2002년 모교인 연세대에서 장학 기금 마련을 위한 바자회를 열었을 때 그녀가 준비

▲
귀여운 소품으로 가득한 가게

해 간 당근 케이크는 역시나 날개 돋친 듯 팔렸다. 이때부터 본격적으로 당근 케이크를 만들기 시작했다.

그녀가 새벽부터 쉬지 않고 당근 케이크를 구운 건 10년이 다 되어 간다. 택배 물량이 많은 날은 비상근무 체제로 들어간다. 새벽 4시에 일어나서 5시부터 케이크를 만들기 시작한다 보통은 4시 40분쯤 일어나 6시부터 케이크를 굽는다. 오후 3시쯤, 케이크 굽는 일은 모두 끝난다. 설거지를 하고 마지막 케이크까지 포장하고 나면 해가 뉘엿뉘엿 저물어 간다. 이 모든 작업은 남편인 김경화 씨가 돕기도 하지만 대부분 혼자서 한다. 제주에서 케이크 가게를 열면서 정한 그녀만의 제1원칙은 혼자 가게를 꾸려 나가는 것이었다. 당근 손질부터 반죽, 굽기, 포장, 택배 전화를 받거나 차를 끓여 내는 것도 그녀만의 몫이다.

남은 생은 제주에서 보내고 싶은 부부

"1977년에 신혼여행으로 제주에 왔었어요. 그 후 주재원인 남편을 따라 세계 곳곳에서 살았지요. 하와이가 특히 좋았는데 제주나 하와이 모두 화산섬인 건 같지만 뭔가 미묘하게 달랐어요. 둘 다 자연 풍경에 반했지요. 하지만 제주는 그 독특한 문화를 고스란히 가지고 있는 섬이에요. 단순한 관광지가 아니죠."

권혁란 씨의 제주 예찬은 끝이 없다. 제주는 어디서든 30분만 가면 바다와 산을 만날 수 있고, 해산물이나 돼지고기, 채소가 풍부한 곳이라는 것. 또 한적한 시골에서 지내다 보니 미국에서 살았던 것 같은 여유로운 기분이 든다. 하지만 풍경만 여유로울 뿐 그 안에서 지내는 사람들은 눈코 뜰 새 없이 부지런하단다. 〈하우스 레서피〉가 있는 이곳, 귀덕리는 특히 조용한 마을이다. 새벽부터 밤늦게까지 농사짓는 소리만 들릴 뿐.

"여기서 한 블록만 들어가면 차 소리도 들리지 않아요. 개 짖는 소리만 들릴 뿐이죠. 여기 분들은 정말 부지런하세요. 여든이 넘은 분들도 새벽부터 밤늦게까지 일을 해요. 제주는 겨울에도 상온의 기온을 유지하기 때문에 사계절 작물 재배가 가능하니 농사를 지어도 일 년 내내 쉬지 못하는 곳이죠. 그래도 겨울 칼바람은 어찌나 세찬지……."

그녀의 부지런함도 귀덕리 마을 사람들에 뒤지지 않는다. 그녀의 첫 직업은 아나운서였다. 결혼을 하고 포스코와 미국 유에스 스틸 합작 회사의 수석부사장을 지낸 남편을 따라 미국과 멕시코 등지에서

◀▲
오로지 빵 굽는 데에만
하루를 보내는 권혁란 씨

지냈다. 그 사이 해외 특파원으로 일하기도 하고, 세탁소 캐셔나 퀼트 강사를 하기도 했다. 쉼 없이 일했다. 그 후에 한국으로 돌아와 당근 케이크를 만드는 공장을 운영했다. 청담동에 가게가 있었고 대형 백화점에 케이크를 납품했다. 하지만 사람들과의 마찰이 문제였다.

"사람과 부딪히고 싶지 않았어요. 지금은 제가 할 수 있을 만큼만 욕심부리지 않고 당근 케이크를 굽고 있어요. 한적한 곳에 자리 잡고 당근 케이크를 좋아하는 사람들과 만나면서 지내고 싶어요."

평생 살 포근한 보금자리를 고민하다 제주 정착 5년 만에 딱 마음에 드는 예쁜 집을 얻었다. 해발 250미터 위에 있는 집이다. 멀리 한라산과 바다가 보이는 집, 소나무로 둘러싸여 있어 나무 냄새가 진한 곳이다.

언제까지나 일을 할 것이다

그녀는 오리지널 당근 케이크만 만드는 것이 아니다. 인삼, 생강, 브로콜리 등이 들어간 케이크도 만든다. 단, 절대 과일은 넣지 않는다. 과일은 당도가 높아서 일단 담백한 맛의 케이크를 만드는 데 적합하지 않기 때문이다. 채소로만 채워 건강한 맛도 유지한다. 당근 케이크 하나를 만들기 위해 거쳐 온 여러 레시피를 빼곡하게 적은 노트도 소중히 간직하고 있다.

"많은 분들이 표현을 많이 해 줘요. 너무 맛있게 먹었다고. 또 택

배를 받으신 분들에게 문자도 많이 오고요. 그럴 때 가장 보람을 느껴요."

그녀는 화려한 치장은 하지 않는다. 로션과 아이크림, 핸드크림이 화장품의 전부다. 화장은 안 한 지 오래고, 머리를 자르거나 염색하는 것도 끊었다. 사람을 대하는 데 멋보다 예의가 더 중요하다는 그녀의 철학이 생긴 것이다.

권혁란 씨가 직원 한 명 두지 않고도 5년 동안 가게를 이끌어 올 수 있었던 데는 그녀 남편의 힘도 컸다. 늘 함께하는 부부. 시를 쓰고 번역을 하는 남편과 케이크를 굽는 아내. 남편인 김경화 씨는 아내의 말이라면 무엇이든 들어주려 준다. 젊은 시절 자신의 뜻대로 외국에서 살아야 했던 날들에 대한 고마움의 표시일지도 모른다. 남편은 묵묵히 당근을 손질하고, 케이크를 포장해 주고, 친절히 손님을 맞이한다. 또 서귀포 이중섭 화백 거리의 당근 케이크 2호점 가게도 맡는다.

"우리 부부가 사는 모습을 부러워해요. 젊은 사람이 보기엔 우리가 늙은 것처럼 보이겠지만 아직도 서로의 꿈을 아낌없이 지원해 줘요. 서로 할 일이 있고, 서로에게 도움을 주며 지내요. 건강이 허락하는 한 끊임없이 노력하면서 경제생활을 하는 것이 우리 부부의 꿈이에요."

예순이 넘었지만 항상 새로운 변화 속을 거닐면서 살고 있다. 누군가는 친척이나 친구가 없는 제주에서 사는 것이 외롭지 않느냐고 묻기도 하지만 전혀 그렇지 않다. 가게에 찾아오는 손님이 친구인 양

〈하우스 레서피〉 앞 정겨운 풍경

한 명 한 명 다정하게 대한다. 돌아오는 답도 고울 수밖에 없다. 특히 젊은 손님이 오면 꼭 해 주는 이야기가 있다. 높은 꼭짓점에 올라갔으면 반드시 내려올 날이 있다는 것. 하지만 내려가는 걸 속상해하지 말고 또 좋은 일이 오려고 하는구나, 마음을 단단히 먹어야 한다는 것이다.

"저는 젊은 시절부터 축하받을 때 왠지 불안했어요. 행복은 오래가지 않는다는 걸 아니까요. 반드시 내려가게 되어 있어요. 그렇기 때문에 꾸준히 노력해야 해요. 힘든 만큼 기쁜 일이 또 있을 거란 믿음으로요. 케이크 하나에 저의 모든 철학이 다 녹아 있어요. 그런 긍정의 힘을 달콤함과 함께 느꼈으면 좋겠어요."

제주특별자치도 제주시 한림읍 일주서로 5892
064-796-9440

취재에 응해 주시고 도움을 주신 모든 분께 감사드립니다.